I0173947

V.-E. VEUCLIN

Correspondant du Comité des Beaux-Arts
Lauréat de la Société nationale d'Encouragement au Bien
et de Sociétés savantes

L'AMITIÉ FRANCO – RUSSE

SES ORIGINES

II

RELATIONS

POLITIQUES ET COMMERCIALES

ENTRE

LA FRANCE & LA RUSSIE
1727–1762

DOCUMENTS INÉDITS

(Pour la plus grande partie)

PRÉSENTÉS AUX CONGRÈS DE LA SORBONNE ET DES BEAUX-ARTS
EN 1892, 1893, 1894

BRIONNE
ÉMILE AMELOT, Imprimeur
1894

L'AMITIÉ FRANCO-RUSSE

SES ORIGINES

II

SECONDE PARTIE

L'AMITIÉ FRANCO-RUSSE

sous

ÉLISABETH DE RUSSIE

AVANT-PROPOS

*Le premier jour de novembre dernier, date
mémorable et sacrée, alors que la France entière
rendait à ses chers défunts le culte pieux et édi-
fiant qui l'honore tant, elle apprenait avec une
vive et profonde douleur la mort de son meilleur
ami, l'auguste czar de Russie.*

*Marquée par un double deuil national, l'année
1894 aura du moins donné de grandes et touchantes consolations en unissant plus étroitement
encore, dans la douleur et les larmes, les deux
généreuses nations qui, l'année précédente, frater-
nisaient si joyeusement.*

*Cruellement frappées dans leur affection civi-
que la plus intime, la France et la Russie ont
donc confondu dans un même souvenir funèbre
les noms vénérés de Carnot et d'Alexandre III,*

et elles ont noblement rendu à la mémoire de ces deux hommes d'élite d'éclatants et suprêmes hommages d'estime et de regrets.

Or, au lendemain de l'inoubliable manifestation avec laquelle la France, à Paris, en province et à Saint-Pétersbourg (1), a montré la cordiale part qu'elle prenait au deuil immense qui couvre la Russie, je considère comme un devoir de m'y associer modestement en saluant avec une respectueuse admiration et une sincère gratitude la mémoire de l'auguste souverain qui, pendant plus de vingt années pesa d'un si grand poids dans les destinées de mon pays, en assurant sa tranquillité et son éclat moral.

Je crois donc faire œuvre patriotique en rappelant le souvenir glorieux d'Elisabeth de Russie qui, elle aussi, et à l'exemple de son illustre père aima passionnément la France, laquelle, en retour et dans une circonstance analogue à celle qui a fait l'objet de la manifestation précitée, lui envoya une de ses célébrités médicales qui contribua pour une large part au développement de l'amitié franco-russe dont je viens de retracer les premiers épisodes et qui ne fit que s'accentuer sous le règne de cette bonne impératrice.

E. V.

24 Novembre 1894.

---

(1) Le 19 novembre 1894, aux obsèques solennelles du très regretté czar Alexandre III, à Saint-Pétersbourg, assistait une délégation de notabilités françaises accompagnant une magnifique collection de couronnes et de bouquets offerts par toutes les classes de la nation.

CHAPITRE X

— 1727-1741 —

Pendant les quinze années de règne des trois souverains qui succédèrent à Catherine Iʳᵉ (1), l'influence française, implantée si profondément en Russie depuis plus d'un quart de siècle, ne tarda pas à être éclipsée et presque détruite par la diplomatie des autres nations jalouses, notamment par l'Angleterre ; aussi, ne trouve-t-on rien d'intéressant à signaler au point de vue de l'amitié franco-russe, pendant cette période troublée (2).

Les relations politiques continuèrent cependant entre la France et la Russie, mais elles furent à peu près insignifiantes et ce ne fut qu'en 1737, que Voltaire fut sur le point de provoquer un rapprochement lorsqu'il projeta d'écrire la vie de Pierre

---

(1) Pierre II (1727-1730) ; — Anne II (1730-1740) ; — Ivan VI (1740-1741). — Les archives du ministère des Affaires Etrangères possèdent plusieurs mémoires sur la Russie rédigés en 1729, 1730, 1733, 1735, 1740.

(2) Faits principaux : 30 septembre 1727, décès à Paris, du prince Kourakin, ambassadeur de Russie ; — en la dite année, la princesse Dolgorouki embrasse la religion catholique en Belgique et le curé Jube entreprend un voyage pour la réunion des deux églises. — En 1735, Anne permet l'usage des étoffes d'or et fait transférer à Moscou la manufacture établie par Pierre le Grand.

le Grand et qu'à cet effet, il se fit envoyer de Pétersbourg, par les soins de Frédéric de Prusse, des
notes historiques (1) dont il ne fit cependant point
usage parce que son royal ami était loin de parta-
ger son enthousiasme pour le célèbre czar.

Deux ans plus tard, le marquis de la Chetardie,
fut nommé ambassadeur en Russie (2) et se fit ac-
compagner par l'abbé Lefebvre, son aumônier (3).
De son côté, la Russie envoya à Paris le prince

---

(1) Ces notes conservées dans la collection Voltaire à Pétersbourg, forment 111 pp. in-4°.

(2) Parti de Paris le 17 août 1749, de la Chétarderis arriva en Russie à la fin de décembre de la dite année.

(3) Originaire du diocèse de Coutances et ordonné prêtre
à Paris, l'abbé Etienne Lefebvre était venu en Russie en
1739, avec le marquis de la Chetardie, en qualité d'aumônier d'ambassade; le 23 avril 1743, il observe au ministre
que, depuis un mois il est secrétaire de l'ambassadeur et
son aumônier; que pour ces deux emplois il ne perçoit que
10 roubles d'émoluments, soit à peu près 300 livres de notre argent de France; cette somme lui était insuffisante, il
sollicite un secours ou la faculté de rentrer en France. De-
venu infirme, ce prêtre quitte la Russie au mois de novembre suivant. A son arrivée à Paris, il est arrêté et mis à la
Bastille, parce qu'il avait été témoin d'une conversation tenue à Konisberg et relative à un prochain soulèvement en
Russie. L'abbé Lefebvre était parti de Saint-Pétersbourg avec
le sr Chevalier de Reignac, capitaine dans les gardes à pied
de la czarine, lequel avait un congé pour venir en France,
et un sr Thorin, français, marchand ou commissionnaire en
Russie. Après interrogatoire, l'abbé Lefebvre et ses compa-
gnons sont relaxés.

En l'année 1749, l'aumônier de l'ambassadeur se nom-
mait Paul Alegi; un jour qu'il faisait du désordre dans
une maison et troublait la tranquillité publique, il fut arrêté
par un capitaine et un soldat russes, lesquels pour ce fait, furent destitués et condamnés à une peine corporelle, mais M.
de la Chetardie obtint leur pardon. (L. du 3 janvier 1740).
— En avril 1741, il est question de renvoyer en France celui des aumôniers de l'ambassade « qui avait failli »; il y
avait donc plusieurs prêtres attachés à l'ambassadeur.

Cantémir, homme fort distingué dont il sera parlé plus loin.

Grâce à ces deux personnages d'élite, l'influence française reprit bientôt en Russie le rôle bienfaisant qu'elle avait précédemment exercé ; voici les circonstances de cet heureux évènement :

Lorsque, en 1740, le jeune enfant Ivan VI, monta sur le trône, une partie de la population russe lui était hostile et avait une préférence marquée pour la princesse Elisabeth, la seconde et digne fille de Pierre le Grand et de Catherine Ire; aussi, le 3 janvier 1740, M. de la Chétardie écrivait-il à son ministre d'Etat, à Paris, ces lignes caractéristiques : «...Le gros de la nation dont Mlle Elisabeth est l'idole, fait autant de vœux pour une révolution qu'il y a de partisans de cette princesse qui travaillent pour elle; je pourrois même regarder comme une insinuation la manière dont on m'a parlé avant-hier du penchant que Mme la princesse Elisabeth a pour les françois et de la persuasion où elle est qu'ils luy veulent du bien. .»

A ce moment, la cour de Russie était fort mal disposée en faveur de la France; notre ambassadeur constate même qu'il existe une véritable haine contre les français, au point que ceux qui de temps en temps allaient le visiter reçurent l'ordre de ne point approcher de sa maison ; cette défense s'étendit même au chirurgien français qui servait l'ambassade (1).

_____

(1) Lettre du 28 novembre 1740. Dès le mois de juin l'ambassadeur avait signalé la défiance outrée des Russes à son égard.

A cause peut-être de l'intervention de la princesse Elisabeth, ces mesures de suspicion furent de courte durée, et le 10 juin suivant (1741) de la Chetardie écrivait qu'il était logé dans un pavillon appelé *Marly* qui avait été disposé pour lui, l'année précédente, dans les jardins du palais; et que, pendant tout le temps qu'il occupa ce pavillon, les eaux ne cessèrent de jouer.

Le 8 août suivant, l'ambassadeur écrivait également : «...Le général Brigny, français, mis en dis-
« grâce par le feld-maréchal ministre, vient de
« rentrer au service et d'être mis à la tête du gé-
« nie; il a ordre de partir promptement pour As-
« tracan et d'apporter la plus grande diligence à
« fortifier cette ville (1) ».

Cet apaisement permit aux français dévoués à Elisabeth de lui aider à conquérir le trône de Russie. Deux s'y livrèrent surtout avec intelligence et habileté; c'était d'abord le marquis de la Chetardie, puis un chirurgien, attaché depuis 28 ans à la princesse , le sr Lestocq, hanovrien, d'origine française (2) dont il a été probablement question plus haut.

On sait la manière extraordinaire, pacifique et prompte avec laquelle ils réussirent d'autant plus facilement que la princesse avait gagné les cœurs

_____

(1) A la date du 3 septembre 1741, se voit dans le dossier un plan manuscrit de la bataille de Vilmastrand sur les Suédois et un plan gravé de la même bataille, mais sansindication de graveur; ce dernier plan se vendait à l'Académie de Pétersbourg.
(2) Né en 1692, Jean-Hermann Lestocq (ou Lestok) était de la religion réformée et comte de l'empire d'Allemagne.

« de tous les Russiens, tant par sa naissance que par
« ses autres grandes qualités (1) ».

Le 6 décembre 1741, s'opéra cette révolution sans
exemple, qui, préparée surtout par l'actif et intel-
ligent ambassadeur de France (2) plaça sur le trône
de Pierre le Grand celle de ses filles qui avait hérité de ses plus solides vertus. Or, on trouve dans
le *Journal du sieur Morambert*, rédigé à cette
époque, les détails suivants sur cet évènement si
important :

« Pendant la Révolution, M. de la Chetardie
« étoit fort agité, il prévoïoit que si l'affaire ve-
« noit à manquer, il étoit perdu et qu'il couroit
« risque de la vie ainsi que toute sa famille. Il
« regardoit caché derrière un rideau ce qui se
« passoit dans la rüe. Il avoit ordonné que toute
« sa maison fut sur pied sans lumière, et que les
« portes de son hôtel fussent fermées ; à peine l'af-
« faire fut-elle terminée qu'il les fit rouvrir. Il
« sortit et fut complimenter S. M. Impériale

---

(1) *Relation de la révolution arrivée en Russie le 6 décembre 1741*. (Le manuscrit en fut proposé à la police de Paris
pour être imprimé).

(2) Outre le marquis de la Chetardie, Elisabeth n'avait
que trois personnes dans la confidence de ses projets : son
gentilhomme de chambre, son chirurgien Lestocq, et un
certain allemand nommé Schwart qui autrefois l'avait servie
en qualité de musicien et jouissait d'une pension à l'Académie
Impériale (Mémoire précité).

Cf., deux mémoires anonymes :

1° *Relation de l'élévation de la princesse Elisabeth au trône
de Russie*, 1741 ; fol. 210-213.

2° *Gouvernement de Russie sous Elisabeth* (1739-1744).

3° *Etat et intérêt politique de la Russie en 1741*, par
Alexandre Girard.

« En revenant il fut suivi jusqu'à son hôtel de
« nombre de soldats et de grenadiers qui l'appe-
« loient leur père, leur protecteur et le restaura-
« teur du sang de l'Empereur Pierre; il leur fit
« distribuer de l'eau-de-vie et de l'argent. Lestocq,
« chirurgien de la czarine, fut fait son conseiller
« privé et eut son portrait. »

Dans le chapitre précédent, on a vu le projet
d'alliance intime formé par Pierre le Grand et Catherine à l'égard de leur fille. Or, dans un remarquable livre : *Louis XV et Élisabeth de Russie*,
publié en 1882. M. Albert Vandal s'exprimait ainsi
à ce sujet :

« ...Élisabeth Petrowna s'éprit de Louis XV
sans le connaître; et cet amour à distance, né d'un
souvenir, allait exercer une influence singulière
sur les destinées de la jeune impératrice... »

De son côté, notre éminent compatriote M. Albert Sorel, dans son beau livre : *Essai d'histoire et
de critique* publié l'année suivante, disait aussi :
« ...Un diplomate français rapporte qu'en 1722,
Élisabeth, âgée d'environ dix ans, lut dans les
gazettes qu'un prince français le duc de Chartres,
fils du régent, pensait à épouser une princesse de
Russie. Cette nouvelle la rendit rêveuse; elle son-
geait avec une émotion mêlée de curiosité à ce pays
de France qui semblait pour elle le pays des
contes de fées. — La politique fit manquer le mariage; l'alliance russe qui s'offrait échappa à la
France; mais la princesse n'oublia jamais le roi
dont elle avait failli devenir la compagne. Ce premier amour, le plus pur qu'elle ait jamais conçu,
resta dans son imagination embelli de toutes les

grâces de l'innocence et de la jeunesse. Ne fut-ce
que par le constraste, elle y trouva toujours de l'at-
trait. Au milieu du brillant et tumultueux roman
de son âge mûr, elle se reportait avec un plaisir
singulier au conte de fées qui avait bercé son ado-
lescence et n'avait peut-être, comme ceux d'Hamil-
ton, tant de charmes à ses yeux que parce qu'il
n'avait point eu de dénoûment ».

La suite de ce récit va donner de nombreux
témoignages de ce sentiment intime éclos dans
l'âme de la jeune fille et qui s'alliait si bien à la
bonté naturelle qui la caractérisait.

CHAPITRE XI

Preuves de l'affection d'Élisabeth pour la France. — Sa gratitude envers ses auxiliaires français. — Chanson française
dédiée à la czarine et chantée par elle et sa cour. — Comptoirs commerciaux français en Russie. — Départ et rappel
de M. de la Chetardie. — Echange de portraits royaux. —
Élisabeth rend à l'influence française son ancienne prépondérance.

— 1741 —

(Suite)

Le premier acte politique par lequel l'impératrice
Élisabeth signale son avènement au pouvoir fut, dès
le lendemain, d'adresser une lettre affectueuse, à
Monsieur Son Frère « Louis XV »; aussi, le 23 décembre, l'ambassadeur de France écrivait-il à
son ministre : « La vive tendresse que la czarine
« conserve pour la mémoire de Pierre Ier luy foit
« rassembler avec soin et plaisir tous les portraits
« de ce Prince que les préjugez ou les haines pas-
« sées avoient comme ensevelis dans la poussière
« ou dans l'oubli. Elle s'occupoit mercredy de celle
« satisfaction dans les moments particuliers où
« elle avoit agréé que je luy fasse ma cour lorsque
« tout-à-coup elle se souvint que le czar, son père,
« avoit raporté de France un portrait du Roy âgé
« de sept à huit ans. Elle ordonna sur le champ
« qu'on le cherchât et qu'on le luy aportât. Après

« l'avoir contemplé avec attention : « Je souhai-
« terois fort, me dit-elle, que vous fissiés venir
« celuy que vous avés de S. M. pour donner une
« idée plus facile de sa figure ». J'obéis à regret.
« Le portrait en pied que j'ay fait faire pour mon
« ambassade ne réparant point assés par sa richesse
« tout ce qui manque à la peinture, quant à la res-
» semblance, pour que je n'eusse été autorisé à
« presser davantage S. Em. lors de mon départ de
« m'en procurer un de la bonté du Roy si j'avois
« pu prévenir cette occasion ; je suppléay à l'inca-
« pacité du peintre en dessinant ce en quoy il avoit
« manqué à mesure que la czarine me faisoit des
« questions ou me donnoit lieu de les prévenir. Au
« cours de la conversation assés longue et relative
« à toutes sortes d'objets qui suivit cet instant, la
« czarine s'aperçut qu'elle tournoit le dos au por-
« trait du Roy, et je fis des reproches de cette dis-
« traction : cela n'empêche point, luy dis-je, que
« le Roy ne se présente toujours du plus beau côté à
« Votre Majesté dès qu'il s'agira de luy donner des
« preuves de son amitié : « Je m'en persuade d'au-
« tant plus volontiers, me répondit-elle, que je vous
« avouerai que le Roy est le seul Potentat pour qui
« depuis que je me connois, je me suis sentie du pen-
« chant ». Vous agréerés j'espère, Madame, repar-
« tis-je, que j'en rende compte à Sa Majesté, car
« le Roy en vous envisageant comme souveraine
« de toutes les Russies, verra avec plaisir les dispo-
« sitions de V. M. sur ce qui peut établir une
« bonne harmonie entre les deux couronnes, le
« Roy ne pourra qu'être charmé qu'une aussy
« belle princesse que Votre Majesté ait toujours

« pensé de la sorte à son égard. — « Je ne m'op-
« pose point, — reprit-elle, à ce que vous voudrez
« bien faire et je seray fort aise si le Roy le prend
« pour un garant du désir sincère que j'ai de for-
« mer avec luy l'union la plus étroite... »

L'extrême bonté d'Elisabeth se manifesta dès son
arrivée au pouvoir par le pardon qu'elle accorda à
ceux qui s'étaient révoltés contre elle, et par la
promesse qu'elle fit qu'aucune exécution capitale
n'aurait lieu sous son règne. A ce sujet, un mémoire anonyme rédigé à cette époque et intitulé :
Etat présent de la Russie, contient ce passage :
« ...La czarine est une princesse douée de toutes
« sortes de bonnes qualitez, affable, généreuse,
« ne pouvant se déterminer, sans se faire violence,
« à condamner aucun de ses sujets aux peines bar-
« bares usitez en Russie. Elle est d'un naturel
« curieux et veut être informée des plus petites
« aventures de la cour et de la ville... »

Est-il besoin de dire que les auxiliaires d'Elisabeth ne furent point oubliés dans ses libéralités :
de Lestocq dont le dévouement avait déjà été ré-
compensé par le titre de conseiller privé, fut un
des premiers auquel elle témoigne publiquement sa
gratitude; en effet, dans sa lettre du 30 décembre
1741, notre ambassadeur rapporte qu'un des jours
précédents, à la cour « lorsque M. de Lestocq ren-
« tra pour baiser la jupe de la czarine, elle lui passa
« au col son portrait enrichi de diamants et estimé
« plus de cinquante mille écus (1) ».

_____

(1) Homme ingrat, de Lestocq ne sut pas conserver la
haute situation qu'il occupait : inculpé de méfaits graves, il
fut plus tard condamné à mort puis gracié et exilé en Sibérie, d'où il fut retiré par Pierre III.

Il n'est pas sans intérêt, je crois, de faire ici mention d'un fait secondaire qui montre cependant l'étendue de la sympathie qui existait entre la czarine et les français de son entourage. Le lendemain de son avènement, un sieur Valdancourt, premier secrétaire du marquis de la Chetardie, composa une chanson en l'honneur d'Élisabeth à laquelle il l'a présenta ; « elle la reçut avec bonté et la chanta « souvent ; la cour et la ville, à son invitation, « la chantèrent continuellement (1) ».

— 1742 —

Cette année, on le conçoit, fut fertile en évènements agréables à la France ; en voici quelques-uns ignorés ou peu connus (2).

(6 janvier). — On se propose d'établir en Russie des comptoirs commerciaux.

(Paris, 7 janvier). — M. de Marville, dont il a été parlé dans la première partie de cet ouvrage, demande ainsi que son épouse, la veuve de Launoy, un emploi en Russie ; la femme observe qu'elle a été pendant 14 ans dame d'honneur des deux princesses Anne et Élisabeth, dont la première l'avait emmenée en Holstein, le mari observe qu'il

---

(1) *Mémoire sur la Russie* (anonyme) 1751.
(2) Sauf indication contraire, ces détails sont tirés de la correspondance officielle de l'ambassadeur français de Saint-Pétersbourg.

a déjà fait deux voyages à Moscou, par ordre de la cour, en 1724 (1). On verra plus loin ce que devinrent ces deux personnages dont la czarine avait conservé le meilleur souvenir.

Les relations amicales de la Russie et de la France donnent lieu à des manifestations caractéristiques que signale M. de la Chetardie auquel l'Impératrice témoigne une déférence toute spéciale en le faisant asseoir auprès d'elle à table (Lettre du 18 juin) et en allant même avec sa suite souper chez le représentant de la France (2) ; aussi le 25 juin, celui-ci écrivait-il que la czarine semble vouloir suivre les exemples de Pierre Ier « qu'on « est forcé d'admirer mille fois davantage quand « on a une certaine connoissance de la Russie et « du génie de la nation Russe ».

Le 2 juillet, l'ambassadeur rapporte que la czarine témoigne sa sympathie pour la France en saluant respectueusement le portrait du roi et en le considérant longuement ; ensuite la czarine debout, boit à la santé de Sa Majesté.

En juillet, M. de la Chetardie reçoit ses lettres de rappel ; le 5 août, il obtient de la czarine son audience de congé. « La czarine eut l'attention de « lui dire elle-même le lendemain de cette audience : « Différez, je vous prie, votre départ de quelques « jours ». Il apprit sur le champ que cette invita-

---

(1) Lettre du lieutenant général de police de Paris.
(2) Dans un mémoire intitulé *La comédie française en Russie*, et que je destine au congrès des Beaux-Arts en 1895, je donne de curieux détails sur l'amour d'Élisabeth pour les fêtes et les réjouissances.

« tion ne venoit de lui être faite que parce que le
« portrait que la czarine lui destinoit n'étoit point
« encore achevè. Le 27 dudit mois d'août. Elle lui
« envoya pour présent de partance douze mille
« roubles faisant 60,000 livres argent de France,
« et la veille de son départ elle lui conféra l'ordre
« de Saint-André, l'étoile et la croix étoient gar-
« nies de diamants : il reçut en même temps une
« bague d'un seul brillant d'une grosseur extraor-
« dinaire, avec une grande tabatière d'or chargée
« de diamants de plusieurs couleurs et qui renfer-
« moit le portrait de la czarine enrichi de bril-
« lants et surmonté d'une couronne encore plus
« riche.

« Le secrétaire Valdancourt éprouva aussy les
« bontez de la générosité de la czarine : Elle luy fit
« donner 2,000 roubles, une bague d'un seul bril-
« lant avec une tabatière et une montre d'or.

« Le marquis de la Chetardie, en quittant Saint-
« Pétersbourg pour se rendre à Moscou, n'avoit
« plus auprès de luy qu'un seul gentilhommé à
« qui la czarine fit présent d'une montre d'or en-
« richie de quelques diamants.

« Le marquis de la Chetardie partit de Russie
« le 31 août 1742 (1) ».

Quelques jours auparavant, Elisabeth lui avait
fait, à Moscou, cette belle et franche déclaration :
« J'ay toujours aimé la France et les François
« par un mouvement naturel dont j'aurois peut-

---

(1) *Mémoire sur la Russie* 1754. — M. de la Chetardie
arriva à Paris le 11 janvier 1743.

« être en peine à me rendre compte, et vous juge-
« rez aisément que tout ce que le Roy a fait pour
« moy dans ces tems, et la manière dont vous en
« avez usé, en conformité de ses ordres, n'ont pu
« que fortifier pour ma vie un sentiment qui ne
« s'est jamais démenty un instant en moy depuis
« celuy de ma naisasnce ». (Lettre du 20 août
1742).

A la même date, d'Usson d'Alion, récemment
nommé ministre plénipotentiaire en remplacement du marquis de la Chétarderie (1), écrivait
que *la langue française était en usage à la cour
de Russie*.

Élisabeth s'appliqua activement à réprimer les
abus évidemment introduits par les français et re-
latifs au luxe exagéré des habits et des équipages
de sa noblesse (2); à ce sujet, le 24 décembre, notre
chargé d'affaires écrivait de Moscou à son ministre : « La czarine fut avant-hier au Sénat et y
« rendit un édit qui défend de porter désormais de
« l'or et de l'argent sur les habits; le souverain
« seul, le grand-duc, et les étrangers sont excep-
« tés. Cette disposition paroit d'abord peu consi-
« dérable, elle fait cependant beaucoup de plaisir

---

(1) Passé en Russie en 1724, d'Usson d'Alion prend alors
part à la paix conclue sur la médiation de la France ; en
1742, il était attaché à M. de la Chétarderie.
(2) Le 22 octobre, Élisabeth avait déjà lancé un manifeste
sur cet objet; elle faisait huit classes pour les vêtements et
défendait les étoffes d'or et d'argent, dentelles, etc., etc. —
Dans le même mois se fait la cérémonie de l'onction du
prince Pierre, petit-fils de Pierre Ier, qu'Élisabeth désigna
pour son successeur.

« à la noblesse russe qui étoit obligée de se ruiner
« pour soutenir le luxe extraordinaire introduit
« sous le dernier règne. Elle ne laissera pas —
« ajoute l'ambassadeur — que de porter du préju-
« dice à nos fabriques de Lyon ».

« Bien des gens — écrivait encore d'Alion, le 12
« mars 1743, commencent déjà à déclamer haute-
« ment et même à la cour (1) contre la défense
« des étoffes d'or et d'argent ». — L'ambassadeur
ajoute qu'il appuie les protestations toutes les
fois que l'occasion s'en présente sans montrer de
l'affectation.

Peu après l'ambassadeur observe que, malgré
la défense portée contre les étoffes d'or et d'argent,
la vente s'en faisait avantageusement, car « un
« marchand de Lyon fera cette année pour plus de
« 150,000 francs d'affaires et cela avec beaucoup
« de tranquilité et de sûreté, et avec un profit de
« 20 à 25 % (2)».

Ajoutons qu'à partir de 1743, la question com-
merciale s'accentue largement: un français le sieur
Boet de Saint-Léger, qui faisait du négoce en
Russie depuis douze ans, proposa d'y établir un
commerce direct et plus étendu.

On verra plus loin les résultats heureux de ce
projet.

_____

(1) « La ville de Riga a déjà fait des représentations contre la défense des étoffes d'or et d'argent et autres choses
de cette nature ». (Lettre du 2 avril 1743).

(2) Dans le mémoire : *La ville de Lyon et la Russie*, que
j'ai lu cette année au congrès des sociétés savantes, à la
Sorbonne, j'ai dit comment les ordres d'Elisabeth sur le luxe
des vêtements restèrent sans effet. (Ce mémoire a été imprimé par les soins d'une société scientifique de Lyon).

CHAPITRE XII

Le géographe Delisle en Russie. — Elisabeth refuse l'hospitalité aux jansénistes français. — L'église des catholiques. — Le portrait de Louis XV désiré et non reçu. — Mort du prince Cantémir. — Une commande en Russie. — Disgrâce de M. de la Chétardie. — D'Usson d'Allon le remplace. — Conflit entre les deux cours à propos du titre d'impératrice exigé par Elisabeth. — Prise d'un vaisseau russe.

— 1743 —

Il convient de rappeler ici que, depuis une quinzaine d'années, le sieur Delisle, le fameux géographe français, était en Russie et qu'il y jouissait d'une grande considération ; malgré cela, dans une lettre du 12 mars 1743, il demande à rentrer en France (1).

Bien que professant des idées très libérales, la czarine Elisabeth ne se montra pas aussi hospitalière que son auguste père à l'égard des protestants français ; en effet, dans une lettre de l'ambassadeur

---

(1) Dans un mémoire que j'ai communiqué tout récemment au comité du Congrès des Beaux-Arts pour 1895, je continue à donner de nombreux détails inédits sur tous les artistes et savants qui portèrent en Russie le génie de la France; le géographe Delisle est longuement cité dans ce mémoire.

datée de Pétersbourg, le 46 avril 4743 (1) ; on lit :

« L'archevêque d'Utrech et l'évêque d'Harlem
« viennent d'écrire au Grand-Duc pour implorer
« sa protection en faveur d'un grand nombre de
« jansénistes françois qui seroient disposez à venir
« s'établir en Russie si l'on vouloit les y recevoir
« et leur accorder quelques privilèges. M. de Bru-
« mer en me confirmant cette particularité a refusé
« de me dire lequel de ces deux prélats est le sol-
« liciteur... Il n'a pu se dispenser de le communi-
« quer à la czarine. Cette princesse a répondu sans
« hésiter qu'elle chérissoit trop l'amitié de la
« France pour se porter à une démarche qui pour-
« roit luy déplaire et chercher à attirer ses sujets
« dans son pays. » L'Ukraine aurait été accordée
aux nouveaux fugitifs. « Quand on a beaucoup
« voyagé — ajoute notre ambassadeur, on connoit
« combien la sortie des protestants du royaume a
« été préjudiciable ».

On voit cependant que ce refus d'hospitalité n'é-
tait qu'un témoignage de plus de l'attachement
de la czarine pour la France et de sa ferme volonté
d'éviter tout conflit avec Louis XV.

Une lettre de d'Alion, datée de Pétersbourg le 26
novembre 1743, donne ces curieux détails :
« L'église catholique de cette ville n'est que
« tolérée; par conséquent elle se voit souvent ex-

(1) Le 28 du même mois, eut lieu le lancement d'un magnifique vaisseau de 80 canons, dû à un constructeur russe.
Pendant la cérémonie, la czarine y perdit sa croix de diamants qui tomba dans l'eau; ce bijou était estimé 180 mille
roubles.

« posée à différents contre-tems. Il ne s'en fallut
« de rien, il y a cinq ou six mois, qu'on ne l'ôtât
« aux religieux qui la desservoient (1), et qu'on ne
« leur assignât un terrain à une demi lieue de la
« ville pour y construire un nouveau bâtiment.
« Elle n'est même pas entièrement achevée : les
« religieux ne vivant que de charités. D'ailleurs
« les quartiers de Pétersbourg sont si éloignés
« les uns des autres que sans le secours des cha-
« pelles des ministres étrangers (2), la plupart des
» catholiques ne pourroient pas remplir leurs
« devoirs surtout pendant l'hiver qui dure ici pen-
« dant sept à huit mois et auquel aucun des nô-
« tres ne peut être comparé ».

Sur le désir exprimé par la czarine, le marquis
de la Chetardie retourna à Moscou, en qualité
d'ambassadeur; il partit de Paris au mois de juin

---

(1) Cette église avait alors pour supérieur le P. Charles,
récollet, auquel l'ambassadeur fit don de 250 bouteilles de
vin de Pontac estimées 125 roubles, parce qu'il avait donné
d'utiles avis touchant un capucin compromis dans la conspiration contre la czarine, et qui fut expulsé comme suspect ;
le ministre blâma ce présent exagéré fait au P. Charles.

(2) D'Alion avait alors pour aumônier l'abbé de la Cour
(Pierre-Armand), âgé de 35 ou 36 ans, né de parents nobles
et petit-neveu de feu le marquis de Bonnac. Prêtre du diocèse de Limoges, l'abbé de la Cour fut, pendant quatre ans,
aumônier de la chapelle du roi de France en Russie; en
1745, en cette qualité il lui fut accordé une pension; et en
1748, pour raison de santé, il quitta la Russie et revint à
Paris où, dix ans plus tard, on le retrouve dans la plus
triste situation par suite des infirmités d'une chute et des
dettes considérables qu'il avait dû contracter; il exposa alors
sa misère au cardinal de Bernis et le 10 janvier 1748, d'Usson d'Alion lui délivra un certificat des plus élogieux.

et arriva en Russie le 6 décembre (1); or, peu de
jours après son arrivée, le marquis de la Chetardie annonça à Elisabeth que, selon la promesse
qu'il lui avait faite (2), un portrait du roi avait
été fait exprès pour elle en original, « ce qui l'a fit
rougir de plaisir (3) », observe l'ambassadeur dans
sa lettre du 11 décembre (4).

— 1744 —

Cinq événements principaux, de nature diffé-
rente, marquèrent cette année.

Le premier fut la mort, à Paris, le 11 août, du
prince Cantémir (5), ambassadeur de Russie et ami
dévoué de la France, qui eut pour successeur
M. Henri Gross.

---

(1) Le sieur de Valdancourt ne fut point de ce voyage;
il était en Bavière. Le roi nomma pour consul de la nation
française en Russie, le sieur de Saint-Sauveur, directeur des
vivres de la marine, lequel était déjà venu en Russie.

(2) Le 23 juillet précédent, l'ambassadeur avait rappelé à
son ministre qu'un portrait du roi avait été promis à M. de
Brumer.

(3) Le 23 décembre, l'ambassadeur annonce qu'il a remis
au grand-duc un fusil, une paire de pistolets, une serrure
travaillée supérieurement et la gravure de ses armes.

(4) Le 2 septembre 1745, de la Chetardie déclarait qu'il
devait être chargé d'un portrait du roi enrichi de diamants
pour la czarine, mais qu'il ne lui fut point remis. La promesse précitée resta donc stérile.

(5) Il existe une jolie gravure in-4°, signée : AMICANI
pinxit; — BASAN, sculpsit, portant cette légende :

« Portrait de Antiochus, prince de Cantémir, ambassa-
« deur de Russie, mort en Russie en 1744, âgé de 34 ans
« et 5 mois ».

Il y a donc une divergence sur le lieu du décès de ce lit-
térateur distingué.

Le second événement fut l'arrivée à Saint-Pétersbourg d'une dame française, âgée de 30 à 35 ans, Mᵐᵉ Boulanger ou plutôt Remond d'Hacqueville de Rouen, laquelle amoureuse de la czarine, profita de ce quelle venait conduire ses enfants au collège à Paris, pour, sans mettre personne dans sa confidence, continuer son voyage vers la Russie où elle arriva au mois de mai; elle en repartit peu à près avec des lettres de recommandation de la part de la czarine et de ses ministres afin de lui éviter les désagréments de son escapade (1).

Le troisième événement montre la faiblesse et l'irrésolution du caractère de la bonne czarine : Le marquis de la Chetardie, qui s'était sacrifié pour lui assurer le trône, et avait été jusque-là traité en ami, tomba en disgrâce près d'Élisabeth, parce qu'il fut accusé : 1° d'avoir écrit et parlé avec indécence de Sa Majesté impériale au sujet de Rozomoski (2), son grand veneur; 2° de s'être vanté de changer le ministère et de faire congédier le grand-chancelier Bestuchef. Le marquis fut donc, dans les premiers jours de juin, arrêté, puis dépouillé du portrait que l'impératrice lui avait donné deux ans auparavant, ainsi que de son ordre de Saint-André; on lui laissa seulement la tabatière en or garnie de pierreries, contenant le portrait. On retira

---

(1) Une publication historique : *La Normandie*, donnera prochainement tous les documents que j'ai recueillis sur ce curieux événement qui ferait un vaudeville.

(2) Rasoumowski était musicien de la princesse Elisabeth longtemps avant son avènement. « Il chante — dit notre ambassadeur — dans le goût de Bénoist à la cour de France ». L'année suivante. Elisabeth l'ennoblit et le nomma président de l'Académie des Sciences de Saint-Pétersbourg.

également au capitaine Magne le portrait qu'il avait reçu en même temps que l'ambassadeur.

Quelque soit le degré de culpabilité de M. de la Chetardie, il faut lui rendre cette justice qu'il protesta dans les termes les plus nobles et les plus dignes, par une lettre datée du 23 juin, contre l'humiliante mesure prise à son égard, mesure excessive qu'eussent dû atténuer les grands services qu'il avait rendus

Quoiqu'il en soit, M. de la Chetardie, le cœur ulcéré, quitta immédiatement la Russie (1) et fut remplacé peu à près par M. d'Usson d'Alion qui prit alors le titre de ministre plénipotentiaire de France.

D'Alion arriva à Pétersbourg le 10 novembre; la czarine était encore avec toute sa cour à Moscou.

Le quatrième évènement fut le conflit qui s'éleva entre la cour de France et celle de Russie à propos du titre d'impératrice qu'Élisabeth exigeait; prétention qui nécessita une longue correspondance entre les deux nations et qui se termina, l'année suivante, par l'acceptation du vœu d'Élisabeth : le

---

(1) Le 1ᵉʳ octobre suivant, à Paris eut lieu l'interrogatoire de Jacques-Joachim Dupré, natif de Paris, âgé de 36 ans premier secrétaire de M. de la Chetardie depuis 7 à 8 ans; il avait été arrêté et conduit à la Bastille comme inculpé de trahison du chiffre secret de la correspondance diplomatique Dupré avait épousé, à Saint-Pétersbourg, Élisabeth Friard, née au même lieu, d'un sujet français et d'une mère Calmonique. — Le 30 mars 1745, ordre fut donné de remettre Dupré en liberté.

roi de France la qualifia donc d'impératrice de toutes les Russies (1).

Le cinquième évènement fut la capture faite le 17 novembre à la hauteur du Texel, par Martin Niars, capitaine du navire corsaire *La Royale*, de Dunkerque, d'un vaisseau russe le *Saint-Nicolas*, de 700 tonneaux, capture qui soulera de vives protestations de la part des intéressés et fut l'objet de plusieurs mémoires imprimés, fort intéressants, mais étrangers au sujet qui m'occupe (2).

(1) Cf.: « *Sur le titre d'impératrice de toutes les Russies reconnu de la part de la France en la personne de la czarine Élisabeth Ire* ». (Mémoire du temps, 550 f° 200).

(2) Un de ces mémoires (in-4° de 18 pages) cite Frédéric Bagemin, constructeur de navires depuis 25 ans à Archangel du temps de Pierre le Grand.

Le 3 décembre de la dite année 1755, un français nommé Benard (ou Bernard) Jean-Baptiste, cuisinier du prince de Newof, ministre plénipotentiaire de l'empereur de Bavière, à Pétersbourg, est inculpé de meurtre; il avait donné un coup mortel à un valet de chambre et perruquier; plus tard, il est gracié.

CHAPITRE XIII

Protestations réciproques d'amitié. — Présents du roi. — Voltaire et l'Académie de Pétersbourg. — L'esprit public en Russie. — Le comte de Woronzow en France. — L'accueil sympathique qu'il reçoit dans diverses villes.

— 1745 —

Cette année fut particulièrement fertile en faits agréables qui ne firent que cimenter davantage l'union si heureusement renouée entre la France et la Russie.

Dans les premiers jours de mars, en présentant ses lettres à l'impératrice, l'ambassadeur d'Usson d'Alion lui fit un discours en lequel il dit : « ...Le « roi ne m'a tant rien recommandé que de cher-« cher à faire connoître à Votre Majesté Impériale « combien il désire de vivre avec elle dans la plus « parfaite intelligence. Trop de terres séparent les « États respectifs pour être dans le cas de se vou-

« loir du mal et en pouvoir de s'en faire, mais les
« plus grandes distances se rapprochent, lorsqu'on
« veut se rendre réciproquement utile. Digne fille
« d'un des plus grands monarques qui ayent ja-
« mais paru et sans cesse attachée à marcher sur
« ses traces, Vôtre Majesté Impériale ne peut pas
« ignorer quels étoient ses sentiments et ses vuës
« par rapport à la France. Les tems n'ont point
« changé... (1) ».

Réponse faite au nom d'Elisabeth :

« L'impératrice ayant déclaré tant de fois com-
« bien elle souhaitoit de vivre dans une parfaite
« amitié avec S. M. le roy de France, est très satis-
« faite de voir reparoître à sa cour un ministre
« aussy capable d'entretenir cette bonne correspon-
« dance et d'éloigner tout ce qui pourroit altérer
« la parfaite harmonie entre les deux puis-
« sances ».

Ces protestations quelque peu platoniques et de
commande furent cependant confirmées par des
présents d'un caractère tout particulier; voici en
quelles circonstances :

En 1742, un magnifique bureau, avec ses éta-
gères et sa pendule, ayant coûté quinze ou seize
mille francs, avait été donné par le roi de France
au ci-devant grand-maréchal Bestuchef, et, ce

---

(1) Lettre du 27 mars 1745. Plus tard, la cour de France
blâma le passage relatif à la distance qui séparait les deux
États et les empêchait de se nuire. Il convient aussi d'ajouter
que, contrairement au cérémonial usité, d'Alion refusa de
baiser la main de l'impératrice.

meuble avait été demandé par l'impératrice à
M. de la Chetardie qui le lui avait accordé ; or,
peu après l'audience dont il vient d'être parlé le
comte Woronzow manifesta à l'ambassadeur de
France le désir d'avoir un même bureau, et le roi,
sur l'avis de son représentant, s'empressa de répondre à ce désir et d'expédier en Russie, le 23
mai suivant, quatre superbes meubles qui revin-
rent à S. M. à la somme de sept mille écus (1).

En 1745, reprirent aussi les relations de Voltaire
avec la Russie, pour plusieurs motifs dont voici
les circonstances :

N'ayant plus alors les mêmes raisons de ménager son ex-ami Frédéric de Prusse, Voltaire avait
repris son idée de donner une suite à son *Histoire
de Charles XII* et il se mit à nouveau en commu-
nication avec la Russie, au moyen du marquis d'Argenson son camarade et ami, alors ministre des
Affaires étrangères. On sait qu'à partir du 3 mai
1745, Voltaire lui écrivit plusieurs lettres à ce
sujet, le priant d'user de son influence près d'Alion
pour qu'il soit admis à l'Académie de Saint-Pétersbourg et que l'impératrice veuille bien lui faire
communiquer des documents pour l'Histoire de
Pierre le Grand qu'il projetait de finir (2).

(1) Dans le mémoire que j'ai soumis au Congrès des
Beaux-Arts pour 1895, je donne des détails sur ces meubles
de luxe.
(2) Pour le congrès de 1895, à la Sorbonne, j'ai soumis un
mémoire relatif à une lettre inédite de Voltaire, de 1747, se
rapportant précisément à sa nomination comme membre de
l'Académie de Saint-Pétersbourg.

— 1746 —

Une lettre datée de Pétersbourg, le 4 janvier 1746 et adressée par le comte d'Alion (1) au prince de Conti est particulièrement intéressante par les détails qu'elle donne sur l'esprit public en Russie :

« ...L'Impératrice, toujours belle, infiniment af-
« fable, réunissant toutes les grâces imaginables
« avec un air de grandeur et de majesté peu com-
« mun, ayant beaucoup d'esprit et de pénétration
« feroit sans difficulté le bonheur des mêmes peu-
« ples qui ont fait tant de vœux pour son élévation
« sur le trône et mériteroit toute l'admiration des
« étrangers si elle sçavoit concilier son goût pour
« les plaisirs avec les devoirs de la souveraineté.
« Née dans ces climats, il faut de nécessité qu'elle
« soit dissimulée et soupçonneuse. Une fierté ex-
« traordinaire préside à toutes ses actions et peut
« l'entraîner dans quantité de fausses et singu-
« lières démarches... La nation que Pierre Ier n'a
« n'a fait qu'ébaucher, regrette beaucoup plus son
« ancien état qu'elle n'aime le présent. Il n'y a eu
« elle ni ambition ni émulation. Elle soupire de
« préférence à tout après le repos et la tranqui-
« lité... »

(1) Une *Histoire véritable de M. Daillon* (sic), envoyée de Russie à Paris, dit qu'il est fils d'un perruquier de Mayenne dont le frère était notaire et que la réputation de cet ambassadeur était déplorable. « Ce mémoire — est-il écrit en marge à la date du 13 juillet 1746 — est un roman rempli de faussetés ».

A la fin de 1745 avis avait été donné aux inten-
dants de Lunéville, de Besançon, de Strasbourg, etc., de l'arrivée prochaine en France d'un
des principaux seigneurs de la cour de la czarine,
sous le nom de comte de Maslow (ou Masloff), et
des honneurs que le roi désirait qu'on rende à ce
seigneur lors de son passage ; or, ce personnage
n'était autre que le grand-chancelier de Russie, le
comte Woronzoff, dont il a été précédemment
question (1) et qui, avec son épouse, vint effecti-
vement en France ; voici sur ce voyage quelques
notes inédites :

Dans les premiers jours de mars 1746 on informe
le comte d'Argenson que c'est par la Provence que
le vice-chancelier doit arriver en France : il se
« propose de se rendre à Montpellier dans l'espé-
« rance que la douceur du climat et les remèdes
« dont il fera usage pourront contribuer au réta-
« blissement de sa santé (2) ».

L'ordre avait été donné de traiter le vice-chancelier, partout où il passerait, comme ambassadeur
des têtes couronnées ; aussi, en quittant Paris, le
26 mai, pour aller à Bruxelles, le comte de Woronzow se déclare-t-il enchanté de l'accueil qu'il a
reçu. Le roi lui fit présent d'un recueil richement
relié d'Estampes de la Bibliothèque Royale et de

---

(1) Michel-Harionovitch Woronzoff, né en 1710, avait été
page de la grande-duchesse Élisabeth, qui, plus tard, lui fit
épouser une de ses cousines, Anna Skavrongka, fille du
frère de la czarine Catherine Irᵉ. En 1744, il avait été nommé
vice-chancelier.
(2) Lettre du 9 août 1746.

la collection des médailles en or formant l'Histoire
de France, ainsi que celles, également en or, frappées sous le règne de Louis XV (1).

Ces objets lui furent remis à son retour en Russie, par M. d'Alion, notre ambassadeur, vers le 15
septembre 1746; le comte était rentré en Russie
le 6 dudit mois.

Malgré ces témoignages concluants, des rapports
hostiles à la France furent faits en Russie, à propos
du voyage du comte de Woronzow; les 28 juin et 9
juillet, notre ambassadeur écrivait à son ministre :

« ....J'apprends de différents endroits qu'on n'é-
« toit pas fort content, icy, de la réception qui a
« été faite, à Paris, au comte de Woronzow, et que
« l'impératrice avoit dit devant quelques person-
« sonnes : « On vante beaucoup la politesse des
« François, cependant ils n'ont pas voulu considé-
« rer que la comtesse de Woronzow est ma cousine
« germaine ». Ces rapports n'étaient rien moins que
mensongers et dus aux méchants offices du sieur
Gross qui représentait la Russie à Paris; en effet,
le 24 septembre suivant, d'Alion écrivait que le
comte de Woronzow déclarait être content de sa
réception en France (2); du reste, par une lettre

----

(1) La collection des rois de France valait environ 6,000
livres ; celles de Louis XV, 4 à 5,000 livres.
(2) A Lyon, notamment où séjournèrent M. et M⁰⁰ de Woronzow, cette ville dépensa la somme de 18,834 livres 15
sols, y compris les présents en étoffes d'or et d'argent et de
soye, vins, fruits, liqueurs et autres, qui leur ont été offerts.
(Cf : *Les Russes à Lyon en 1746*, article signé, M. J., publié dans le « Lyon Républicain » du 26 octobre 1893. —
D'après un mémoire du temps, le comte de Woronzow était
accompagné de son épouse et de sa fille et de M. de Bech-
tehof qui fut plus tard chargé des affaires de Russie à la
cour de France.

datée de Saint-Pétersbourg, le 1er octobre, le comte
remerciait lui même le roi du bon accueil à lui fait
à Anvers par l'ambassadeur Le Dran, et du présent
qu'il en avait reçu (1).

On trouve encore la preuve de la fausseté des
racontars précités dans ce fait caractéristique et
concluant : Le 15 juillet, M. de Maurepas, écrivait
M. d'Argenson pour lui annoncer le prochain départ d'une frégate russe pour Bordeaux : « je re-
« commanderai — disait-il — que la frégatte rus-
« sienne dont il s'agit soit reçue à Bordeaux de
« façon que les officiers qui la montent puissent se
« loüer à leur retour en Russie des manières que
« l'on aura eues pour eux en France (2) ».

— 1747 —

Le 18 mars, alléguant des raisons de santé, d'A-
lion demande son rappel en France (3), et après
avoir été, le 16 octobre, devancé par un sr Trottin(4),
il quitte la Russie à la fin de décembre, « assez
« mécontent du pays et le pays encore plus de lui »
lit-on dans un des mémoires précités.

_____

(1) Le 10 juin 1746, M. de Boze écrivait qu'on travaille à
l'épée d'or enrichie de diamants dont S. M. veut faire présent à M. le duc d'Huescar.

(2) Le 6 août suivant, d'Alion informait que le projet de
départ pour Bordeaux d'une frégate et de deux autres gros
bâtiments était renvoyé à l'année prochaine. — Dans les dé-
penses faites par d'Alion, en 1746, les illuminations figurent
pour la somme de 1,260 livres.

(3) Le sieur Gérault était alors secrétaire de d'Alion.

(4) En janvier 1747, les srs Michel et Navarre, négociants
français, étaient établis à Pétersbourg.

Durant cet intervalle un événement important au point de vue de l'amitié de la czarine pour la France, est ainsi rapporté dans la correspondance officielle du temps :

En octobre, une française dont j'ai déjà parlé, la veuve du comte de Launoy, demanda à retourner en Russie, voici à quel propos :

On sait qu'en 1717, elle avait accompagné son mari qui avait suivi Pierre Ier, lors de son voyage à Paris ; or, cette dame fut mise auprès des deux princesses Anne et Elisabeth pour leur apprendre le français et ses élèves lui portaient, paraît-il, une grande affection. Mme de Launoy suivit Anne, devenue duchesse de Holstein, « Après la mort de
« cette princesse — écrit d'Alion — elle passa en
« France où elle contracta une sorte de mariage se-
« cret avec un officier françois appelé Marville
« très honnête homme, lieutenant-colonel réformé
« dans le régiment de Condé-dragons, que je
« connois particulièrement depuis très longtemps
« et qui a une maison de campagne à Villejoui où
« il se tient pendant la belle saison : sa demeure
« ordinaire à Paris est dans la ruë de Sorbonne.
« Les comtes Brumer et L'Estocq (1) ont bien voulu
« autrefois, à ma prière, faire quelques tentatives
« auprès de l'impératrice pour l'engager à donner
« quelques marques de ses bontés à la comtesse de

---

(1) Au mois de septembre 1747, eut lieu la chute de Les-
tock : compromis dans une conspiration avec la cour de
Berlin, il fut gràcié de la mort mais exilé en Sibérie où il
fut, plus tard, tiré par le czar Pierre III.

« Launoy, ils n'ont pu rien obtenir; mais quand
« on y pensoit le moins, l'impératrice luy a en-
« voyé à Paris cet été dernier une somme
« de deux mille roubles faisant dix mille
« francs argent de France. Mme de Launoy ou de
« Marville s'en est servi pour faire le voyage de
« Pétersbourg, dans l'espérance frivole de par-
« venir à tous les honneurs, ou peut-être avec le
« seul désir de finir ses jours auprès de son an-
« cienne maitresse. Elle a été bien reçue; on luy
« a donné un appartement à la cour et elle mange
« presque tous les jours à la table de l'impératrice.
« C'est une femme d'environ soixante ans. Sa fi-
« gure est telle qu'elle l'est ordinairement à
« Paris (1). Je lui ai trouvé beaucoup de sombre
« et de mélancolie et je lui ai trouvé bien plutôt
« l'air d'une aventurière que celui d'une femme de
« condition. Je serois bien trompé si après cela,
« elle réussissoit auprès de l'impératrice qui quoi-
« qu'elle n'ait que ce qu'on appelle l'*esprit de
« femme* a pourtant beaucoup de cet esprit et
« examine curieusement toutes les personnes qui
« l'approchent. Au reste, je ne l'ay vuë (Mme de
« Launoy), jusqu'icy qu'à la cour où elle-même a
« affecté de ne me pas reconnoître (2) ».

---

(1) Le reste est chiffré.
(2) Dans la même lettre, d'Alion annonce l'incendie de
l'Académie de Saint-Pétersbourg.
Un sieur Loyer, cuisinier de la czarine, est français de
nation.

Mme de Marville alla seule en Russie : son mari semble être resté à Paris où, le 29 octobre 1747, il fut question d'en faire deux agents secrets. « La femme — est il dit — paroît avoir de l'es- « prit ; elle n'étoit connue à Saint-Pétersbourg « que sous le nom de comtesse de Launoy » (1).

(1) Mme de Launoy quitta aussi la Russie après 1747 et re- vint en France.

CHAPITRE XIV

Rupture prolongée et complète entre la France et la Russie. — Reprise des relations sur l'initiative d'Elisabeth. — Les petits cadeaux entretiennent l'amitié. — Un baptême princier. — Les scrupules de Louis XV. — Le peintre Toqué et le docteur Poissonnier en Russie. — Deux russes académiciens de France.

— 1748-1751 —

Rentré en France dans les premiers mois de 1748 (1), d'Usson d'Alion ne fut point remplacé et, pendant plusieurs années il n'y eut point, en Russie, de représentants de la France, car M. de Saint-Sauveur, le consul français à Pétersbourg, quitta aussi cette ville quelques temps après M. d'Alion.

On sait les raisons politiques qui causèrent cette fâcheuse rupture qu'accentuèrent encore les difficultés survenues à Versailles, le 6 mai 1749, lors de l'admission de M. Gross à l'audience du roi, en qualité de ministre de Russie, bien qu'il eût été dit à cet ambassadeur, de la part de Louis XV, que Sa

---

(1) Le 23 mai 1748 le s' de la Seuze rédige un *Mémoire sur la question de savoir s'il convient à la France de travailler à ôter à la Russie sa prépondérance dans le Nord, et de l'empescher de se mesler des affaires de l'Europe, ou de s'unir étroitement à cette puissance.* (Arch. du M. des Aff. Etr. vol. 550, f° 130 et s.).

Majesté voulait entretenir de bonnes relations avec
sa souveraine : « la haute estime et la considéra-
« tion — ajoutait le ministre français. — et j'ose
« dire l'amitié sincère que le roy porte à l'impé-
« ratrice de Russie, doivent en être de seurs ga-
« rants auprès de Sa Majesté Impériale... »

Tout cela n'était que de l'eau bénite de cour et
ne pouvait atténuer le profond chagrin qu'avait
ressenti Elisabeth en voyant ses avances rejetées
par le roi auquel elle portait une affection si cordiale.

Toute correspondance diplomatique fut donc in-
terrompue entièrement jusqu'en 1755 (1).

— 1755-1756 —

La sensibilité d'Elisabeth ne pouvait s'accom-
moder d'une semblable rupture; aussi, en 1755,
« cette princesse, excitée soit par ses sentiments
« personnels pour Sa Majesté, soit par les conseils
« du comte de Woronzow, alors son vice-chan-
« celier, fit parvenir au roi les assurances du désir
« qu'elle avoit de rétablir entre la France et la
« Russie l'intelligence la plus parfaite. Ces insi-

_____

(1) De 1754 à 1761, il ne parut aucun pavillon français
dans le Nord de Pétersbourg.
Le 8 juin 1754 mourut à Moscou François-Xavier Le Léal,
originaire de Lorraine enterré le 9, dans l'église et paroisse
N.-D. de la Chandeleur, près du Marché-aux-Oiseaux; il
avait, croit-on, embrassé la religion grecque.
En 1756, les s" Michel, Beaujon et Goossens, négociants à
Paris présentent un mémoire pour l'établissement d'une maison de commerce en Russie.

« nuations avaient été faites dès 1753, mais
« on n'avoit pas cru qu'elles fussent assez auto-
« risées ; plusieurs avis particuliers ayant confir-
« mé successivement la sincérité de ces premières
« ouvertures, le roi se détermina enfin de faire
« passer à Pétersbourg le sr Douglas pour vérifier
« si ces avis avoient un fondement assez solide
« pour mériter quelques confiance de la part de Sa
« Majesté.

« Un premier voyage qu'il ne parut faire que
« par un simple motif de curiosité, le mit (le sr
« Douglas) à portée de constater l'existence réelle
« des dispositions qu'on avoit annoncées au roy de
« la part de la Russie, et Sa Majesté jugea conve-
« nable, en conséquence, de renvoyer à la même
« cour le sr Douglas avec le titre de chargé de ses af-
« faires, en même temps que le sr de Beckheff vint
« en France avec la même définition de la part de
« l'Impératrice de Russie (1).

« Cette démonstration de réunion entre les deux
« cours fut bientôt suivie du rétablissement écla-
« clatant de leur correspondance par là nomina-
« tion qu'elles firent de leurs ambassadeurs respec-
« tifs pour résider à Paris et à Pétersbourg (2).

« Le roy confia cette importante commission au
« sr marquis de l'Hôpital, qui par ses talens et par

(1) Le 16 février 1756, à l'occasion de la signature pour la
nomination des ambassadeurs, il fut donné à M. le comte de
Woronzow un présent en médailles d'or de la valeur de
3000 livres.

(2) En janvier 1757, l'impératrice accorda au comte de Czernichew, son chambellan, la permission de faire un voyage
en France.

« son zèle a justifié le choix de Sa Majesté... Il
« partit au commencement de 1757 pour se rendre
« Pétersbourg (1) ».

— 1757 —

La nouvelle de l'odieux attentat de Damiens contre Louis XV (5 janvier), fut vite connue en Russie
et y provoqua une vive émotion ; aussi, le 1er février, M. Douglas écrivait-il au ministre de France
pour lui faire part des sentiments sympathiques
de la cour d'Élisabeth, et il ajoutait : « Cette incom-
« parable princesse, dont le cœur ne fait qu'un
« avec celui de Sa Majesté ainsi que les vertus qui
« les ornent tous sont les mêmes, donne journelle-
« ment des larmes à la blessure du roy : et il
« n'y a que la certitude que Sa Majesté est hors
« de tout danger et parfaitement rétablie, qui
« pourra la tranquilliser et la consoler... ».

Un autre fait vint encore affirmer ces sentiments :
le 15 février, en mémoire du rétablissement du
roy, Douglas fit chanter dans l'église catholique
une messe solennelle d'actions de grâces, suivie
d'un *Te Deum* auquel il invita tous les ministres
étrangers; un banquet suivit cette cérémonie dont
l'ambassadeur, le 19 dudit mois, rendait compte à
son ministre, en ces termes : « ...J'ose dire que
« l'honneur que les grands de cet empire m'ont

---

(1) Cf. *Voyage de Strasbourg à Pétersbourg par la Bavière*
par M. le marquis de Fougère, officier de gendarmerie allant
en Russie à la suite de M. de l'Hôpital, ambassadeur en 1757.

« fait d'assister à cette cérémonie sur l'insinuation
« précédemment donnée à tous par la souveraine
« elle-même, que cela lui seroit extrêmement
« agréable, est sans exemple dans ce pays,
« constate la vérité de l'auguste amitié qui subsiste
« invariablement entre le cœur des deux souve-
« rains, et combien toute cette cour cy s'empresse
« de se modeller dans leurs dispositions particu-
« lières sur les sentiments de nos maitres... »

Parti de Paris le 25 janvier 1757, le marquis de
l'Hôpital, le nouvel ambassadeur de France en
Russie, y était arrivé lors de cette fête et le banquet
qui la suivit fut fait en son hôtel.

Le comte de Schwalow, protecteur de l'Académie
de Moscou et distingué par son amour pour les lettres et les Beaux-arts, manifesta le désir d'obtenir
le recueil des Estampes du cabinet du roy et quelques livres de l'Imprimerie royale; soumis au roi,
ce désir est fort bien accueilli et Louis XV consent
à lui faire ce présent et donne ordre de faire relier
en maroquin un Recueil d'Estampes et des Livres
choisis pouvant flatter le goût de M. le comte de
Schwalow.

Peu après (1er mai), M. de Beskoi, gentilhomme
russien, se propose de voyager dans les différentes
parties du royaume, pour acquérir des connaissan-
ces en différents genres. Ce gentilhomme vient à
Lyon où il fait un très court séjour (7 mars), à Aix
(13 mars) où il ne s'arrêta point.

La bonté de cœur de l'impératrice prenait toutes
les formes; en voici une des plus touchantes : lorsque, en juillet, M. de l'Hôpital reçut la première
audience de l'impératrice, elle ne cessa de lui par-

ler français ; « savez-vous, monsieur, — dit-elle à
« l'ambassadeur — qui m'a appris à parler cette
« langue ? C'est une personne encore vivante en
« France et qui m'écrit de temps en temps. Elle a
« plus de 80 ans ; elle demeure auprès de Paris,
« elle étoit avec moy dès ma première jeu-
« nesse ». M. de l'Hôpital ayant demandé le nom
de cette personne, le vice-chancelier lui dit qu'elle
s'appelait Madame Launoy ou Daunoy et qu'elle
demeurait à Villejuy. L'ambassadeur assura Sa
Majesté impériale que le roi en serait informé et
que Sa Majesté donnerait des ordres afin que les
jours de cette dame fussent heureux et bien con-
servés. M. de l'Hôpital, dans sa lettre du 27 juillet,
suppliait donc le ministre de vouloir bien le dire
au roi et de le mettre en état d'en parler à l'impératrice à qui il avait vu qu'il ferait plaisir (1).

On trouve aussi un témoignage de l'inclination
d'Elisabeth pour la France dans ce fait relaté, le 31
du même mois par notre ambassadeur (2) lequel
en signalant la préférence que l'impératrice et
la grande-duchesse montraient pour la comédie française, demandait des comédiens de pre-

_____

(1) Une lettre de Paris, du 30 septembre suivant, informa
l'ambassadeur que Mᵐᵉ de Launoy ou Daunoy était morte il
y avait environ dix-huit mois et que le chevalier de Marville, son second mari, ne lui avait survécu que de six mois;
ils n'avaient laissé que des collatéraux du côté de M. de
Marville.
(2) La maison de l'ambassadeur se composait alors de 75
personnes : l'abbé Faur était second secrétaire et les abbés de
la Selle, Ménager et Muratorvitz, aumôniers.

mier ordre pour y élargir l'influence de la nation (1).

Dans une lettre du 16 septembre suivant, notre
ambassadeur écrit que Sa Majesté czarienne a l'intention de proposer au roi de France de tenir avec
elle sur les fonds baptismaux l'enfant qui devait
naitre de la Grande-Duchesse. Des scrupules exa-
gérés et ridicules firent tomber ce projet qui eut
eu certainement les plus heureuses conséquences.
En effet, l'intention de l'impératrice de Russie
ayant été transmise à la cour de France, il fut répondu (16 octobre) que la différence de religion ne
permettait pas au roi d'être parrain avec Élisabeth;
aussi lorsque deux mois plus tard la Grande-Duchesse accoucha d'une fille, Anne Petrowna, cette
enfant fut nommée par l'impératrice *seule*, qui témoigna ainsi qu'elle avait été profondément touchée des scrupules du roi et qu'elle les respectait
au point de n'avoir point voulu le remplacer pour
ce baptème princier (2).

La déplorable politique de Louis XV fût donc à
tous égards réfractaire à l'alliance franco-russe

_____

(1) Dans mon mémoire : *La comédie française en Russie*,
présenté au comité des Beaux-Arts pour le Congrès de 1895,
je donne des détails plus complets et circonstanciés sur la
grande vogue que la littérature française eut alors en Russie.

(2) En 1757, M. de l'Hôpital fait présent au comte Besta-
cheff d'une boite d'or sur laquelle était en émail le cordon
et les attributs de l'ordre de Saint-André, boite estimée
3000 livres. En octobre 1757, M. Ismaïlow, adjudant des
gardes à cheval de l'impératrice de Russie, désire servir
dans l'armée du roi commandée par le maréchal de Riche-
lieu.

telle que la concevait l'impératrice Élisabeth (1).

Un artiste français fort distingué, le peintre Tocqué, qui en ladite année 1757 était allé en Russie, avec sa femme, pour le service du roi, atténua heureusement la fâcheuse impression que la conduite de son souverain avait produite et qui fut totalement effacée, lorsque peu après, Louis XV eut la délicate attention d'envoyer un de ses meilleurs médecins, le docteur Poissonnier, pour soigner l'impératrice dont la santé, bien ébranlée, offrait des inquiétudes à son entourage (2).

En France, les mêmes attentions bienveillantes s'exerçaient à l'égard des russes de marque; le comte de Woronzow (3) ayant souhaité d'avoir une place d'Académicien libre dans l'Académie des Inscriptions et Belles-Lettres, cette demande reçut à Versailles (12 décembre) un accueil favorable, ainsi que celle de M. le chambellan Yvannowitz Schwalow, pour l'Académie des Sciences.

La bonté d'Élisabeth attire dans ses armées plusieurs français : c'est ainsi que le 6 décembre,

---

(1) En 1757, un prêt de 25 millions avait été demandé par la Russie à la France qui le refusa sur l'avis du chevalier d'Eon, alors à Pétersbourg, lequel déclara que dans aucun cas la Russie ne rembourserait rien; d'Eon reçut 150 livres de gratification pour ce conseil désobligeant et erroné.

(2) Pour le congrès de la Sorbonne, en 1893, j'ai soumis un mémoire spécial sur le séjour du docteur Poissonnier en Russie; il figurera dans le tome second de cet ouvrage.

(3) 16 novembre 1757. — Le comte Michel de Woronzow prie M. de l'Hôpital, de faire faire à Paris un carosse de voyage égal en valeur et en beauté à celui que M. Maille avait fait venir dernièrement de France pour l'ambassadeur; ce carosse, dont le prix devait être de 3,000 livres au plus. était destiné en présent au comte Rasoumorosky.

l'ambassadeur signale l'arrivée depuis quelques
jours à Pétersbourg, d'un français qui se fait appe-
ler le baron de la Bladie (ou Delabbadie) se di-
sant gentilhomme béarnais, ayant servi dans les
Cantabres, puis en Italie et à Modène où il prit le
rang de colonel ; son dessein est d'entrer au service
de la Russie. — Le même jour, décède le baron de
Notte, aide-de-camp, général-major et capitaine
des grenadiers du régiment de S. A. Sérénissime
Madame la Grande-Duchesse de toutes les Russies (1). — Il convient d'ajouter que, le 18 décembre suivant, le baron de l'Hôpital, fils de l'ambassadeur, écrivait à Paris qu'il avait quitté depuis
quelque temps l'armée de Russie et était arrivé à
Pétersbourg, près de son père.

---

(1) Une veuve Noël, née Marie-Marthe Pagnon, maîtresse
pâtissière à Paris, revendique la succession du dit baron de
Notte, son cousin germain.

CHAPITRE XV

— 1758 —

L'amitié franco-russe était alors à son apogée à la cour d'Élisabeth : Le premier janvier, jour si magnifiquemen: fêté en Russie, il fut tiré, sur les onze heures du soir devant le palais impérial, un très beau feu d'artifice italien « On a gravé icy « le plan et le sujet allégorique accompagné de « vers russes, allemands et *françois* en l'honneur « de l'impératrice (1) ».

Il y avait de part et d'autre lutte de courtoisie et la France avait à cœur de ne se point laisser devancer ; en voici un exemple :

Le comte de Woronzow ayant fait construire

---

(1) Le 7 janvier 1758, fut envoyé à Paris par l'ambassadeur, l'*Almamach impérial* de Russie. — *La Gazette de St-Pétersbourg* s'imprimait en français.

En février 1758, hiver excessif : les thermomètres cassent. Guerre avec la Prusse,

à Paris une superbe maison (1), Louis XV lui
fit présent d'une tapisserie des Gobelins, de douze
fauteuils et de deux canapés de la même manufacture pour meubler une salle de compagnie,
des ordres furent donnés à M. de Marigny, le
11 juin, « pour répondre à l'opinion que l'on a
« dans les pays étrangers de la perfection des arts
« en France (2) ».

Il appartenait, en effet, à nos artistes parisiens,
de réhabiliter quelque peu la nation, car la plupart de ceux qui étaient en Russie ne faisaient
guère honneur à la France, si l'on en croit la
lettre que M. de l'Hôpital écrivait à son ministre,
le 14 juin, et dans laquelle il se plaignait de la
tenue de plusieurs français batailleurs et indis-
ciplinés qui refusaient de reconnaître son autorité.
« Il y en a — disait l'ambassadeur — un nom-
« bre de placés comme maîtres de langues et
« gouverneurs chez des seigneurs russes et gens
« aventuriers, mais peu de négotiants, je ne sçais
« que faire de telles racailles qui souvent com-
« promettent le nom de la nation et l'ambassade
« de France (3) ».

A part les désagréments causés par ces aventu-

---

(1) Le sieur Michel, fut chargé du plan de deux des principales pièces de cette maison. (L. du 11 janvier 1759).

(2) Ces meubles envoyés par ordre de la cour de France
au comte de Woronzow, vice-chancelier de Russie, coûtè-
rent la somme de 55,653 livres 1 sol 3 deniers.

— En mai 1759, un sr Bressau, français, est valet de
chambre du Grand-Duc.

(3) Le 7 juin suivant, il fut répondu de Versailles à l'am-
sadeur que ces français ne sont sortis du royaume que pour
des raisons qui ne leur font pas honneur.

riers peu intéressants, tout allait pour le mieux
entre la France et la Russie; il est vrai qu'il y avait
bien quelques légers nuages à Pétersbourg, car,
écrivait M. de l'Hôpital, le 10 août, « la supers-
« tition et la défiance sont les plus grands dé-
« fauts de l'impératrice, elle sait dissimuler pro-
« fondément, mais elle est bonne, compatissante
« et ennemie du mal (1) ».

La dévotion exagérée d'Elisabeth, ses mortifica-
tions excessives durant le long carême, avaient
altéré considérablement la santé de l'impératrice et influé sur la douceur de son caractère ;
cependant ses sentiments envers la France n'a-
vaient point perdu de leur force ; aussi, le jour de
l'audience qu'elle accorda au docteur Poissonnier,
fit-elle en souriant, à notre ambassadeur, cette
déclaration qu'elle semblait prendre plaisir à réi-
térer ; « Il y a entre le roy et moi une ancienne
« sympathie depuis notre enfance et vous pouvez
« l'assurer que je seray toujours la même et que je
« luy donneray constamment des preuves bien sin-
« cères de mon amitié, et que je compte égale-
« ment sur la sienne...J'ay appris avec joye l'avan-
« tage que les troupes françoises ont eu en
« Bretagne contre les Anglois (2). Je vous prie de
« mander au roy la part que j'ay prise à cet heu-
« reux événement... (3) ».

A ce moment, il y avait en Russie, remplaçant

_____

(1) Dans la même lettre, l'ambassadeur constate la cherté
excessive et progressive des denrées en Russie.
(2) Il s'agit du combat naval de Saint-Cast, en Bretagne.
(3) Lettre de l'Hôpital ; 27 octobre 1758.

le peintre Tocqué, un autre artiste fort distingué,
le célèbre miniaturiste Le Lorrain, dont le talent
ne fut certainement pas étranger à la préférence
qu'Elisabeth donna aux artistes français pour la
direction de l'Académie des Beaux-Arts qu'elle
fonda en cette année (1).

— 1759 —

Sous Pierre Ier, on a vu que la situation des représentants de la France était souvent précaire et misérable; or, bien que s'étant améliorée sensiblement,
cette situation était loin d'être agréable et lucrative,
si l'on en croit cette lettre de l'Hôpital au ministre
(9 février 1759) : « Vous voudrez bien considérer
« que je suis à une cour où règne une impératrice
« qui a eu toute sa vie le goût de la magnificence,
« qui l'exige de tous ses sujet et de tous ses en-
« tours ..; une simple lettre coûte de port d'icy à
« Paris cent sols, un rouble qui revient à deux
« sols de notre monnoie équivaut icy à 20 ou 24
« sols monnoie de France, par la cherté extraordi-
« naire des marchandises, vins et denrées; que tous
« les françois qui me servent exigent avec raison
« des gages et entretient beaucoup plus cher qu'ail-
« leurs... » L'ambassadeur parle ensuite des dé-

---

(1) Cf. : *L'Académie impériale des Beaux-Arts de Saint-
Pétersbourg, depuis son origne jusqu'au règne d'Alexandre Ier,
en 1807.* (Saint-Pétersbourg, 1807, in-8°) — Dans le mémoire que j'ai soumis au comité des Beaux-Arts, pour le
Congrès de 1893, on trouve la liste de tous les artistes français qui furent les professeurs de cette Académie, ainsi que
des notes inédites les concernant. Ils figureront dans le tome
second de cet ouvrage.

penses excessives causées par le jeu auquel il est
obligé de prendre part à la cour; il a déjà perdu
plus de 25,000 livres à un quadrille; en résumé,
l'ennui qu'il éprouve est inexprimable (1).

Au mois de février, le comte de la Messelière, qui
servait depuis plusieurs années dans les armées
de l'impératrice (2) et était sur le point de quitter
la Russie, fut décoré de l'ordre de Sainte-Anne (3).
Cette distinction donna au grand-duc l'occasion
d'observer à M. de l'Hôpital que M. de la Messelière était le premier français qui eût cet ordre
et qu'il serait fort aise qu'il y en eût davantage (4).

Peu après, le 18 mars, il est question d'un français nommé M. Raoult, qui paraît destiné pour
apprendre au grand-duc la langue française (5).

---

(1) La veille, l'ambassadeur demandait à faire une gratification de 1,200 livres à chacun des français attachés à la
cour de Russie et qui lui rendaient des services: 1° le baron
de Schoudi, favori du chambellan et gouverneur des pages
de l'impératrice; 2° le s' de Villers, du collège des Affaires
étrangères; 3° le s' Moremberg, comédien. — Le 23 février,
il envoyait le plan d'une pièce secrète d'artillerie russienne
nommée Licorne ou Schuwalof.

(2) Trois mois plus tard, M. de Montalembert, brigadier de
cavalerie, est nommé par Louis XV pour servir dans l'armée russe, avec l'approbation de l'impératrice. — En août,
l'armée d'Élisabeth possédait aussi le chevalier de Mesnages,
lequel prit part à la bataille de Francfort-sur-l'Oder.

(3) L'ordre de Sainte-Anne avait été créé en 1735; le cordon en était rouge avec liseré aurore.

(4) Lettre du 28 février 1759. — Le baron de Villinghoff
fut décoré le même jour que M. de la Messelière.

(5) Un sieur Aubry, ci-devant substitut du procureur-gé-
néral du Parlement de Rouen, était venu en Russie, à la suite
d'aventures ignorées de l'ambassadeur qui le recommande:
il est jeune et pauvre et M. de Folleville lui en a écrit avantageusement. (Lettre du 1ᵉʳ mars 1759).

Est-il besoin de rappeler ici que la *La Gazette de Saint-Petersbourg*, publiée en cette ville, était imprimée en français et que notre langue était plus que jamais usitée à la cour.

Une succession heureuse d'événements concourrait, du reste, à assurer à la France cette prépondérance native qui la caractérise et dont Elisabeth subissait avec plaisir la bienfaisante influence. Un de ces événements est ainsi rapporté, le 20 mai, par M. de l'Hôpital, dans une curieuse lettre où il dit : « Nous avons à la place d'un ministre infidèle, an-
« cien ennemi de la France, un homme sage, ver-
« tueux et qui nous aime... » Il faut prendre cette
« puissance pour ce qu'elle est et ne pas la compa-
« rer à la nôtre et à la maison d'Autriche. Elle est
« sortie du chaos asiatique depuis Pierre Ier, qui,
« étant mort, a laissé le trône mal affermi et à
« peine sorti des ténèbres de l'ignorance. Les vices
« enracinés de ce gouvernement se multiplient au
« lieu de diminuer. Cette puissance est grande par
« son étendue et petite par ses moyens, mais elle
« peut un jour nous être utile, et il seroit dange-
« reux de l'avoir pour ennemie dans les circons-
« tances présentes (1) ».

Voici maintenant quelques notes qui confirment les précédentes :

21 mai. — Le prince Galitzin, reconnaissant de

---

(1) L'ambassadeur fait allusion à la désastreuse guerre entre la France et l'Angleterre.

tout ce qu'on a fait pour lui en France, désire y
retourner (1).

22 mai. — M. de l'Hôpital donne au grand-duc
son carrosse avec le harnais qui lui avait coûté la
somme de 8,800 livres.

Grâce à la présence du docteur Poissonnier près
de l'impératrice (2) le crédit de la France augmen-
tait constamment en Russie de même que la sympathie d'Elisabeth s'accentuait ostensiblement.
L'échec des Français en Westphalie lui fournit l'occasion de manifester hautement sa pensée; elle dit à
l'ambassadeur que « sa joie étoit bien troublée par
« les bruits qui se répandoient sur une affaire
« à notre désavantage en Westphalie; qu'elle étoit
« autant occupée du roy que d'elle-même ; que
« l'ambassadeur connoissoit son cœur et qu'elle le
« prioit de lui faire savoir à quel point son amitié
« étoit sincère et que rien ne la pourroit faire
« changer... (3) », paroles qu'elle répéta quelques jours plus tard lors du *Te Deum* chanté dans
la chapelle française à propos de la victoire rem-
portée près de Francfort : « Sa Majesté Impériale,
« M. le Chancelier et toute la cour, m'ont fait con-
« noître — écrivait l'ambassadeur — combien ils
« s'intéressent à la gloire du roi, combien son al-

---

(1) En septembre, le prince de Galitzin retourne en France;
« Il est passionné pour la France et l'impératrice le comble
« de bontés, ainsi que sa femme (L. du 28 sept.) Peu auparavant, Elisabeth avait donné le cordon de l'ordre de Saint-
Alexandre Newsky au français Villebois, son lieutenant-gé-
néral.
(2) Poissonnier mange avec l'impératrice. (Lettre dudit :
27 août). Lettre du 28 juillet 1759.
(3) Lettre du 18 août 1759.

« liance avec l'empire russe leur est précieuse et
« agréable. Nos compliments réciproques finirent
« toujours par ces expressions : « *Tout bon* russe
« doit être bon françois, comme tout bon françois
« doit être bon russe (1) ».

Enfin le 27 décembre, l'impératrice déclare
qu'elle est visiblement touchée du malheur arrivé
à la flotte de M. le maréchal de Conflans.

Est-il besoin d'ajouter que ce fut en cette année
que parut le premier volume de l'*Histoire de
l'Empire de Russie sous Pierre le Grand*, rédigée
par Voltaire, ouvrage dont l'apparition, saluée
en France de critiques acerbes, flatta évidemment
l'impératrice et resserra davantage, s'il avait été
possible, les liens qui unissaient déjà les deux
grandes puissances (2).

---

(1) Lettre du 25 août 1759.
(2) En 1759, furent aussi rédigés à Pétersbourg deux mémoires sur la Russie, l'un par le marquis de l'Hôpital, l'autre par le chevalier d'Eon de Beaumont, premier secrétaire
du précédent. — Dans le même temps passa en Russie le
jeune médecin français Clerc auquel je consacrerai un chapitre spécial dans un autre ouvrage.

CHAPITRE XVI

Français admis dans l'armée russe et à l'Académie de Saint-
Pétersbourg. — M. de l'Hôpital est remplacé par le baron
de Breteuil. — L'ambassadrice de France. — Une loterie
d'Etat pour les Invalides. — Lettre d'Elisabeth à Louis XV. —
Le portrait du roi. — Nouvelle émigration en Russie. —
Situation misérable de la colonie.

— 1760 —

Cette année (1) nous offre une série de notes
particulièrement caractéristiques.

23 avril. — Le chevalier Desroches, frère du
sous-gouverneur du prince de Lamballe et ancien
capitaine au régiment de Normandie, se détermi-
nant à passer au service de l'impératrice Elisabeth,
demande au duc de Choiseul des lettres de recommandation et un passe-port pour obtenir dans les
troupes de Russie le grade de colonel. Il arrive à
Saint-Pétersbourg en août (2).

---

(1) L'hiver de 1759-1760 fut le plus effrayant qu'on ait encore connu à Saint-Pétersbourg. (Lettre du docteur Poissonnier, 24 janvier 1760).

(2) Le 21 août, l'ambassadeur engage cet officier de re-
gagner la France au plus tôt, son séjour en Russie serait
ruineux et inutile, M. Desroches suivit cet avis, « ne voulant point souscrire aux engagements excessifs imposés aux
étrangers ». (Lettre du 2 septembre).

28 juin. — M. de Montalembert écrit de Varso-
vie qu'il est très flatté de ce que l'Académie des
Sciences de Pétersbourg a bien voulu le choisir
pour un de ses membres (1).

30 juin. — Arrivée à Pétersbourg du baron de
Breteuil (2), en remplacement du marquis de l'Hôpital qui, pour des raisons de santé (3), avait demandé son rappel.

Accompagné de sa femme, circonstance qui ne
s'était pas encore vue en Russie, le baron de Breteuil fut reçu en audience solennelle, à Pétershoff,
le 10 juillet, fête de Saint-Pierre et jour de grand
gala ; Mme l'ambassadrice, la première qui ait paru
à la cour, fut entourée de toutes sortes d'égards et
de prévenances qui se continuèrent durant son séjour en Russie (4).

Le lendemain, plusieurs français apportent le
projet et le plan d'une loterie d'État, destinée à
l'entretien d'un Hôtel pour les officiers et soldats
invalides. Approuvée par l'Impératrice, cette loterie est immédiatement adoptée par plusieurs sei-

_____

(1) M. de Montalembert était arrivé à Saint-Pétersbourg le
2 juillet 1759.
(2) Le baron de Breteuil était mestre de camp de cavalerie. Son voyage en Russie coûta la somme de 37,600 livres
et le transport de ses bagages par la Hollande, celle de 6 à
7,000 livres.
(3) M. de l'Hôpital était âgé de 63 ans et très souffrant.
(4) Le 17 septembre, l'impératrice fit voir à Mme de Breteuil une de ses maisons de campagne appelée Sarscœseli,
remarquable par une abondance de dorure en dedans et au
dehors, « qui ne se voit en aucun lieu du monde », écrivait l'ambassadeur. — Le 15 octobre suivant, Mme de Breteuil provoqua un léger incident à cause de la place qu'elle
avait occupée à la comédie de la cour,

gneurs russes aux conditions d'en être les admi-
nistrateurs (1).

On conçoit que l'idée de cet établissement, dû
à des français, contribua puissamment à rehausser
le prestige déjà attaché aux institutions militaires
de France (2) et à maintenir la fraternité qui existait entre les soldats des deux nations.

Il n'est donc pas étonnant de voir l'ambassadeur
de France écrire à son ministre, à la date du 2
août : « La nouvelle de l'avantage considérable de
M. le maréchal de Broglie a fait ici sensation (3) ».

Ces démonstrations sympathiques sont confirmées et expliquées par la lettre suivante, datée de
Pétershoff, le 28 août, que Sa Majesté Impériale
de toutes les Russies adressait à Sa Majesté très
Chrétienne le roi de France :

« Monsieur mon Frère,

« J'ai souvent eu lieu de me convaincre de la
« vérité et de l'étendue des sentimens de V. M.
« pour moi, mais aucune marque que j'en ai reçue
« ne m'a autant flattée que l'attention obligeante
« avec laquelle vous avez ordonné au sr Poisson-
« nier, votre médecin, de se transporter à ma
« cour, et d'y rester aussi longtemps que son ex-
« périence et ses talens pourroient m'être utiles.
« Un intérêt si vif que V. M. a marquée par là
« prendre à ma santé ne pouvoit manquer, comme

---

(1) Les Archives du M. des Aff. Étr. possèdent un imprimé
du plan de cette « Lotterie d'Etat » (in-4° de 8 pp.).
(2) Depuis 90 ans l'Hôtel des Invalides existait à Paris.
(3) Le maréchal de Broglie avait remporté d'éclatantes vic-
toires sur Brunswick à Corbach et à Rhinberg.

« il fait réellement, de resserrer en mon cœur les
« nœuds de l'union et de l'intelligence, qui subsis-
« tent si heureusement entre nous pour l'avantage
« réciproque de nos États, et j'aurai toujours une
« satisfaction particulière à vous donner des preu-
« ves effectives de la reconnoissance que j'en con-
« serve. A ces assurances dont V. M. connoît la
« sincérité, je joins un mot en faveur du sr Pois-
« sonnier, que je charge de vous porter ma lettre,
« et qui a mérité par ses services et la prudence
« de sa conduite, que je le recommande à la bien-
« veillance de Votre Majesté. Je suis avec la plus
« parfaite amitié, Monsieur mon Frère,

             « De Votre Majesté.

                  « Bonne Sœur,

                       « ELISABETH ».

Ces bonnes dispositions pour la France, partagées
par la Grande-Duchesse (1), étaient malheureuse-
ment enrayées par les embarras du gouvernement
que le marquis de l'Hôpital indiquait en ces termes, le 4 septembre : « Les rênes flottent dans les
« mains irrésolues de l'impératrice, occupée de
« sa santé et de sa beauté qui lui échappent cha-
« que jour ». D'autre part, une coalition soudoyée

_____

(1) L'impératrice détestait la Grande-Duchesse ; celle-ci,
isolée par la cour, déclarait à l'ambassadeur, le 26 novembre, qu'elle avait une grande affection pour la France.
    Le 16 novembre, le baron de Breteuil constate l'abaisse-
ment du clergé russe et l'état critique de la Russie.
    En la dite année 1760, M. Lacombe, avocat, publie à Pa-
ris : l'*Histoire des Révolutions de l'Empire de Russie*, ouvrage
estimé.

par l'Angleterre, battait en brèche l'influence française; aussi, lorsque quelque jours plus tard, mourut subitement M. Condoidi, premier médecin d'Elisabeth, mit-on tout en œuvre pour empêcher qu'il ne soit remplacé par un français (1).

— 1761 —

Le 13 février, eut lieu l'audience de départ du marquis de l'Hôpital; « l'impératrice se rappela « le souvenir de l'intention de Pierre Ier, son père, « qui avoit eu le projet de lui faire épouser le « roy », et elle manifesta à l'ambassadeur le désir de faire la paix avec le roi de Prusse, « mais com« ment la faire — dit-elle — avec un prince aussi « injuste et aussi ambitieux ».

A l'issue de cette audience, notre ambassadeur offrit à Elisabeth le grand portrait de Louis XV qu'il avait apporté de Paris et qui avait été fait par le célèbre Vanloo; l'impératrice reçut avec plaisir ce présent qu'elle destina pour orner une des principales pièces de son nouveau palais.

Malgré l'état déplorable des finances de l'empire de Russie (2), de nouveaux établissements industriels se forment et sont confiés à des français re-

_____

(1) En 1760, il y avait à Moscou, depuis 45 ans, un professeur de langues à l'Université, nommé La Vis; il s'agit peut être du premier chargé d'affaires passé en Russie en 1713.

(2) Le 10 avril, l'ambassadeur signale une crise monétaire : l'argent manque beaucoup en Russie.

crutés à Paris. Le 18 mars, le baron de Breteuil
écrivait, en effet, à son ministre que le nommé
Schoudi, français, natif de Metz et sujet détestable,
était allé en France au mois de juillet 1760, et qu'il
était chargé de faire passer en Russie des fabricants ou ouvriers de toutes espèces ».

Navrante était cependant la situation de la colonie française en Russie, surtout celle des enfants
orphelins :

« Il y a — écrivait l'ambassadeur au ministre,
« le 21 août, en lui demandant la grâce d'un dé-
« serteur (1) — une grande affluence de françois
« ici, à Moscou, et dans l'intérieur, vagabonds,
« déserteurs, gens sans aveu, et quelques-uns que
« des malheurs et l'envie de les réparer, ont en-
« gagé à venir tenter fortune dans cet empire; la
« plupart manquent cet objet, et après avoir vécu
« malheureux, ils meurent misérables, et laissent
« souvent des enfans dans un bas-âge, sans se-
« cours (2) ; alors le premier russe qui a connois-
« sance de semblables enfants s'en empare et les
« tient cachés jusqu'à ce qu'ils les ait fait baptiser
« grecs, après quoi il les met au rang de ses es-
« claves, — plusieurs des sujets du roi ont éprouvé
« ce sort injuste, et il seroit impossible d'obtenir
« leur liberté en les réclamant ; mais il est possi-
« ble de se donner du soin pour empêcher que le
« nombre n'en augmente. Depuis que je suis ici,

---

(1) Jean-Joseph Montbrun, natif de Pesenas en Languedoc,
déserteur à Brunswick en décembre 1756.

(2) Le 9 juillet, un s' Jacques Ninau, perruquier, avait
chez lui depuis trois mois un enfant de français ainsi dé-
laissé.

« j'en ai sauvé deux : une fille de 9 ans, et un
« garçon de 13 ans que j'ai fait passer en France
« pour apprendre un métier à mes dépens. Je suis
« en discussion pour un troisième enfant qui a été
« amené de Magdebourg par le général de Czerni-
« chew : cet enfant est fils d'un grenadier de Pi-
« cardie qui est mort, dit-on, prisonnier à Magde-
« bourg... J'ai découvert un autre enfant françois
« qui a six ans et qui a été acheté 24 livres d'un
« déserteur, l'année dernière. J'espère que je pour-
« rai l'avoir. » — L'ambassadeur demande a envoyer ces enfants en France, aux frais du roi et
de leur faire apprendre un métier. « Si cette
« proposition étoit entravée — ajoutait-il — je
« vous avouë qu'elle ne feroit pas taire ma
« compassion, car je ne puis m'accoutumer à
« l'idée d'un françois esclave sans espoir de
« recouvrer sa liberté... (1) ».

Ce noble et généreux appel fut-il entendu en
France ? Faut-il croire, au contraire, que ces jeu-
nes orphelins, délaissés et retenus de force en
Russie, auront, plus tard, par des mariages, fait
passer le sang français parmi le peuple russe et
coopéré de la sorte à l'union intime des deux
races (2).

---

(1) La sollicitude de M. de Breteuil s'étendait à toutes les
infortunes ; le 5 octobre, il demandait le rapatriement de
deux vieillards déserteurs qui, après avoir fait une fortune
assez considérable, étaient tombés dans la gêne.

(2) Ces mariages entre les deux races étaient fréquents ; à
la même date, un renégat français qui de laquais était de-
venu valet de chambre du chambellan favori du Grand-
Duc et brigadier de ses armées, avait un beau-frère nommé
Stackieff.

CHAPITRE XVII

Mort d'Elisabeth. — Les regrets qu'elle laisse en France. —
Son oraison funèbre par ses contemporains.

— 1762 —

Perspicace entre tous, M. de l'Hôpital avait été
clairvoyant en signalant, dès le 14 janvier, l'état
désespéré de l'impératrice ; celle-ci, en effet, âgée
seulement de 31 ans, mourut, le 3 janvier 1762,
« après une agonie de 48 heures, la plus pénible
« du monde », écrivait notre ambassadeur deux
jours plus tard.

Cette fin si terrible et prématurée fut connue à
Paris le mois suivant, et, le 9 février, en une lettre datée de Marly, le Roi de France, écrivait au
baron de Breteuil à Pétersbourg... : « La mort de
« l'impératrice de Russie m'a fait une véritable
« peine par les sentiments de l'amitié sincère qui
« m'unissait à elle... (1) ».

Dans le même temps, Voltaire écrivait aussi à
son ami d'Alembert : « j'ai fait très sérieusement
une très grande perte dans l'impératrice de toutes
les Russies... »

_____

(1) Par contre Elisabeth était détestée des Anglais : « ils
ont presque fait un feu de joie à la mort de l'impératrice »,
écrivait notre ambassadeur, le 11 janvier ; — « ils se ré-
jouissaient du nouvel empereur ».

C'est que — dit un mémoire de l'époque : —
« le gouvernement de cette princesse à fait voir
« qu'elle avoit hérité du génie comme de la puis-
« sance de Pierre-le-Grand. Elle y ajouta la clé-
« mence qui fut telle dans Elisabeth que personne
« sous son règne ne fut exécuté à mort ».

C'est donc à raison que Lamartine résume en ces
termes l'existence trop courte, hélas ! de cette
bonne princesse : « La Russie devait à Elisabeth
ses premières traditions d'humanité ; sa mémoire
mérita des Russes le pardon qu'elle avait prodigué
pendant sa vie ! ».

En frappant Elisabeth, la mort enleva à la
France sa meilleure amie; l'influence française, au
point de vue politique, ne tarda pas à disparaître
en Russie (1), et la sympathie dont je viens de retracer les phases ne devait se retrouver que longtemps plus tard, sous le règne d'Alexandre Iᵉʳ, de
glorieuse et bienfaisante mémoire.

FIN

---

(1) Malgré l'hostilité que Catherine II, témoigna souvent
à la France, celle-ci ne cessa de manifester son attachement à la Russie et elle en donna une preuve concluante,
en 1782, lors du voyage du Grand-Duc en France, évènement sur lequel j'ai publié des documents inédits concernant
la ville de Lyon et rédigé un second mémoire pour le congrès des sociétés savantes en 1885.

APPENDICE

Le Commerce de France en Russie
1731-1762

Extraits des documents contemporains

(*Mémoire du duc de Liria*, 1731). — La France a éprouvé d'introduire un commerce avec la Russie, mais elle n'y a jamais réussi ; parce qu'elle a voulu cueillir presque dans le même temps qu'elle avait semé et elle n'a point voulu suivre les règles des autres nations commerçantes, et pour cette raison le commerce de la France avec la Russie se fait principalement par les Hollandois ; et ce commerce en substance est très avantageux pour la France, car la Russie consomme seulement en vins de France aux environs de deux cents mille roubles, sans compter les eaux-de-vie et autres denrées, et la France consomme très peu de marchandises de Russie...

Le 29 janvier 1744, un sʳ de Navarre (1) offre d'établir un comptoir français à Pétersbourg pour les vins de Bordeaux, confitures de Rouen et fruits. Un mémoire de cette date dit qu'on ne peut que regretter que la France et la Russie n'aient pas encore pris jusqu'ici les mesures et les arrangements propices ; les russes voulant figurer avec les peuples européens et n'ayant rien chez eux, la France fournit aux russes la plus grande partie de leurs nouvelles nécessités, mais ce ne sont pas les français qui les leur livre, mais bien les Anglais, Hollandais, Hambourgeois, Bremois et Lubéquois...; les russes ne vont pas les chercher chez eux...

---

(1) Navarre était établi à Pétersbourg en 1747.

En 1746, le commerce français avait alors en
Russie pour principal représentant le sieur Boet de
Saint-Leger, négociant de Paris, lequel présenta
au roi, le 15 septembre, un *Mémoire sur le commerce de Russie*; dans ce mémoire, l'auteur dé-
plore le défaut de relations de négoce entre les deux
nations; il rappelle qu'il y a environ quinze ans,
il forma le plan de s'attacher au commerce de Russie, et qu'après plusieurs tentatives heureuses, il a
établi une maison française à Saint-Pétersbourg,
et qu'il y a fait fréter cette année trois vaisseaux
pour apporter leur chargement directement au
Havre (1).

Dans le même temps (octobre 1747), Melchior,
Schert et C⁰, négociants à Lyon, faisaient commerce
avec la Russie.

---

(1) Ce mémoire, ajoutait : « cette ville a beaucoup de
« moyens de former un commerce très considérable avec
« la Russie ».

1757. — Un mémoire rédigé le 18 mai, par le
sr Delafond, depuis 32 ans en Russie, est remis à
Versailles, le 4 juin.

Le 20 août, les directeurs du commerce de Lyon
et les membres de la communauté des maîtres et
marchands passementiers, et les fabricants d'étoffes
riches, demandent par deux mémoires la modéra-
tion du nouveau tarif douanier établi en Russie et
qui doit achever la décadence de l'industrie lyon-
naise.

(*Correspondance de M. de Breteuil*). — 2 août 1760. — La colonie des marchands français qui sont ici sont dans un état misérable. Il y a trois maisons principales dont les chefs ne sont pas sans mérite et qui font un commerce de quelque considération. Ces maisons sont à la veille de manquer à cause des sommes énormes qui leur sont dues, tant par la jeune cour, que par les plus grands seigneurs...

4 septembre 1760. — Trois maisons principales sont établies à Pétersbourg : Michel (1), Raimbert (2), Godin (3). Ces trois commerçants méritent des égards; ce sont d'honnêtes gens attachés à leur patrie et à leur commerce et qui ont assez d'intelligence pour rendre des services à l'une et faire fleurir l'autre, s'ils sont soutenus, protégés et aidés. J'ai trouvé ces trois principaux commerçants et nos autres petits marchands presque épuisés par les sommes qui leur sont dues et fort dégoûtés de l'abandon dans lequel ils vivaient. J'ai un peu ranimé cette colonie. Le chef des marchands est le consul du roi; c'est un galant homme que tout le monde aime et estime ici...

FIN

---

(1) Michel était établi dès 1747.

(2) Raimbert établi en 1748, avait rédigé en 1759, un mémoire sur le commerce en Russie; en 1760, il fut chargé des études sur la graine de lin.

(3) Godin, établi en 1758, avait alors des fonds, de l'esprit et du talent; en 1761, il fait une réponse sur le commerce de Russie; mais il était jeune et trop entreprenant. Le 16 novembre 1760, il fait un mémoire sur la fourniture des mâts pour la France.

Français passés en Russie et cités dans cet ouvrage

1580. — Bertrand de Casani.
1585. — Melchior de Moucheron.
1689. — Neuville (de).
1692. — Avril.
1702. — Daniel, Joseph.
        Connesfort, Patrice
1703. — Baluze (de).
1705. — Beaudouin.
        Lambert, Joseph-Gaspard.
1706. — Marville (de).
        Villebois (de).

1714

Saint-Hilaire (de).
La Vie (de).
Petit.
Darbis.

1716

Le Blond et cinq personnages.
Girard, Nicolas.
Fessies, Antoine.
Girard, Alexandre.
Sualem, Girard.

Sualem, Paul-Joseph.
Sualem, René.
Suichel, Jean.
Pineau, Nicolas et trois femmes.
Guillaume, Barthelemy.
Pérard, Nicolas.
Bellin, Guillaume.
Barbier, Antoine.
Buffet, Jean.
Sauvage, Etienne.
Noizette, Jean.
Bourbou (de), Edme.
Butelier, Francœur.
Cœur d'Acier, Antoine.
Foy, François.
Le Clève, Charles.
Lombard, Jean.
Bourgeois, Edme.
Tapa, Charles.
Ferré, Jean.
Foucher, Jean-Jacques.
Vavoque, Jean-Louis.
Grignon, Pierre.
Bourdin, Jean-Baptiste.
Camousse, Pierre.
Camousse, François.
Camousse, Philippe.
Masson, Arnoul.
Ranson, Noël.
Vallée.
Le Blanc.
Tournemine.

1717

Vigouroux (de).
Tourot, Nicolas.
Ruste, Charles.
Saint-Sauveur (de), Jean.
Dufour, Denis.
Du Rus, Dominique.
Vaugrenon, Pierre.
Delon, Pierre-François.
Gravero, Benoist.
Blie, Simon.
Fossard, Pierre.
Dacq, Nicolas.
Roquenard, François.
Lefèvre, Pierre.
Voisin, Philippe.
Lambert, Antoine.
Cailleau.
Launoy (de).

1718

Pangalo.
Montbrun.
Soubatier.
Richard.
Brunet.
Desmarets.
Nolly, Jean-Baptiste.

1719

Nyaulon.

1720

Romain de Pourrenbrey.
Venusse de Frébourg.
Ménard.

1721

Campredon (de).

1723

Caravacque fréres.
Drouet.
Charrière, colonel.
Beaune, général.

1724

D'Husson d'Alion.
De Laage.
Rochefort, capucin.
Maçnan (de).

1725

Rousset de Missy.
Delafond, négociant.

1726

Guibard-Duvernay.
Delisle de la Croyère.
Le Roy, Pierre.
Fremery.

1728

Drouet.

1739

Chetardie (de la).

Lefebvre, aumonier.
Alegi, Paul, aumônier.
Thorin, marchand.
Lestocq, médecin.
Brigny, général.
Morambert, comédien.

1741

Girard, Alexandre.
Valdancourt.

1742

Mᵐᵉ de Launoy.

1743

Boet de Saint-Léger.
P. Charles, récollet.
Saint-Sauveur (de).
De la Cour, aumônier.

1744

Mᵐᵉ d'Hacqueville.
Magne, capitaine.
Dupré, Joachim.
Friard.
Benard (ou Bernard).

1747

Gérault.
Michel, négociant.
Navarre, négociant.
Rambert, négociant.
Loyer, cuisinier.

1754

Le Léal.
Douglas.

1756

Montbrun, déserteur.

1757

Fougère (de).
L'Hôpital (de), père.
Faur, aumônier.
Laselle, aumônier.
Ménager, aumônier.
Tocqué, peintre.
Poissonnier, médecin.
Bladie (de la).
Notte (de).
L'Hôpital (de), fils.

1758

Bressan.
Le Lorrain, peintre.
Godin, négociant.

1759

Messelière (de la).
Raoult.
Villers (de).
Montalembert (de).
Mesnager (de),
Schoudi.
D'Eon de Beaumont.
Clerc, médecin.
Aubry.

1760

Desroches, capitaine.
Breteuil (de), et son épouse.

1761

Ninau, Jacques.

Russes venus en France et cités dans cet ouvrage

1668. — Poterskin.
1687. — Dolgorouski.
1705. — Matucof.

1717

Zoloff (de).
Kurakin.
Pierre Ier,
Schaffirow.
Dalhorouky.
Jagouzinski.
Nariskin (de).
Areskin (de).
Makaroff,
Wolkof.
Alsoufficoff.
Gerepevoff.
Jolikoff.
Osterman.
Ragousniky.
Mouwin.
Tolstoy.
Tatischoff.
Abraham.
Quirkassoff.

Baklanowsky.
Wlanislowichs.
Dacosta.
Sarriob.

1718

Schleineitz.

1719

Hemrings.

1739

Cantémir.

1744

Gross, Henri.

1746

Woronzow (de), son épouse et sa fille.
Bechtehof(de).

1757

Czernichew (de).
Beskoï (de).
Ismaïlow.

1759

Galitzin.

TABLE DES MATIÈRES

SECONDE PARTIE

ÉLISABETH DE RUSSIE

BIBLIOTHEQUE NATIONALE
Désinfection 1984
N° 10498

www.ingramcontent.com/pod-product-compliance
Lightning Source LLC
LaVergne TN
LVHW020949090426
835512LV00009B/1794

* 9 7 8 2 0 1 9 2 0 8 0 6 6 *